MERCIFUL WRITING BIBLE

야훼말글씨

성령님과함께쓰는

은혜로운 필사성경

5

역대상 – 에스더

필 사 자 :

시작한 날 :

끝 난 날 :

서울말씀사

일러두기

1. 성경 각 권의 서론을 수록하여 성경의 이해를 도왔습니다.

2. 성경의 장과 절이 인쇄되어 있어 보기 쉽고 쓰기 쉽습니다. 또한 밑글씨가 인쇄되어 있어, 성경 없이 누구나 쉽게 필사할 수 있습니다.

3. 성경의 순서에 관계없이 자유롭게 필사할 수 있습니다.

4. 성경과 같이 2단 편집으로 되어 있어 쓰기 쉽고, 여백 활용을 최대화하였습니다.

5. [성령님과 함께 쓰는 은혜로운 필사성경](개정)은 총 10권으로 구성되어 있습니다.
   1 : 구약 1 _ 율법서 1 (창세기 ~ 출애굽기)
   2 : 구약 2 _ 율법서 2 (레위기 ~ 신명기)
   3 : 구약 3 _ 역사서 1 (여호수아 ~ 룻기)
   4 : 구약 4 _ 역사서 2 (사무엘상 ~ 열왕기하)
   5 : 구약 5 _ 역사서 3 (역대상 ~ 에스더)
   6 : 구약 6 _ 시가서 (욥기 ~ 아가)
   7 : 구약 7 _ 예언서 1 (이사야 ~ 예레미야애가)
   8 : 구약 8 _ 예언서 2 (에스겔 ~ 말라기)
   9 : 신약 1 _ 마태복음 ~ 사도행전
   10 : 신약 2 _ 로마서 ~ 요한계시록

머리말

지식의 홍수 속에서 살아가는 현대인들의 영혼에 가장 필요한 지식은 무엇일까요? 그것은 바로 '하나님을 아는 지식'입니다. 하나님께서는 호세아 6장 6절에서 "나는 인애를 원하고 제사를 원하지 아니하며 번제보다 하나님을 아는 것을 원하노라"라고 말씀하셨습니다. 이처럼 하나님께서 가장 원하시는 것은 우리가 하나님을 알고 하나님의 뜻대로 사는 것입니다.

하나님을 알아가는 가장 좋은 방법은 하나님의 말씀인 성경을 가까이하는 것이며, 성경을 가까이하는 가장 좋은 방법들 중 하나는 성경을 직접 쓰는 것입니다. 성경을 필사하는 시간은 성경을 읽고 묵상하는 시간과 더불어 또 하나의 은혜의 시간, 축복의 시간이 될 것입니다. 이렇게 귀한 성경 필사에 도움이 되고자 이번에 『성령님과 함께 쓰는 은혜로운 필사성경』을 펴내게 되었습니다. 이 책은 말씀을 읽는 것에서 더 나아가 말씀을 직접 기록하며 하나님을 더욱 알기를 원하는 모든 분들에게 큰 유익이 될 것입니다. 인내와 정성이 깃든 성경 필사를 통해 성령님의 음성을 듣고 하나님 말씀의 더 깊은 세계로 나아가는 은혜를 체험하게 되시기를 간절히 바랍니다.

여의도순복음교회
위임목사 이영훈

CHRONICLES

역대상 · 하

저 자 에스라

주 제 선택받은 이스라엘유다 민족의 역사

기록목적
- 하나님의 언약에 기초한 다윗 왕조의 영화榮華를 재조명함으로써, 바벨론 포로 생활에서 돌아온 백성들에게 언약 백성의 긍지를 심어 주고 신정神政 체제의 재건을 촉구하기 위해 기록하였다.
- 성전과 예배 중심의 기록을 통해 야훼 신앙이야말로 축복과 번영의 열쇠라는 점을 보여 주기 위해 기록하였다.

기록배경 본서는 2차 바벨론 포로 귀환주전 458년경 이후인 주전 450년경 에스라가 집필한 것으로 추정된다. 당시 이스라엘은 1차 포로 귀환이 있은 지 상당히 오랜 시간이 흘렀음에도 불구하고, 대내외적 · 신앙적으로 정착되지 못하고 어려운 상황에 처해 있었다. 이즈음 본국으로 귀환한 에스라는 우선 예루살렘 성벽을 재건하기 시작했으며, 모세의 율법을 재확립하고 성전 제사를 회복하고자 노력하였다. 그러나 진전을 보지 못하는 가운데 그는 낙담하고 있는 백성들에게 다시금 기대와 희망을 불어넣고 신정神政 체제의 재건을 촉구하기 위해 본서를 기록하였던 것이다.

특 징
- 다윗 왕조의 영화와 업적 그리고 다윗 왕조를 계승한 유다 왕국에 치중하여 기술하고 있다. 특히 솔로몬의 통치를 중심으로 하나님의 언약에 기초한 신정 통치를 강조하였다.
- 제사장적 관점에서 성전과 제사장을 강조하였다.

나의 기도

역대상

1

2

3

4

5

6

7

8

9

10

11

12

13

14

15

16

17

18

19

20

21

22

23

24

25

26

27

28

29

30

31

기록일 : . . .

32 아브라함의 소실 그두라가 낳은 자
손은 시므란과 욕산과 므단과 미디
안과 이스박과 수아요 욕산의 자손
은 스바와 드단이요
33 미디안의 자손은 에바와 에벨과 하
녹과 아비다와 엘다아니 이들은 모
두 그두라의 자손들이라
34 아브라함이 이삭을 낳았으니 이삭
의 아들은 에서와 이스라엘이더라
35 에서의 아들은 엘리바스와 르우엘
과 여우스와 얄람과 고라요
36 엘리바스의 아들은 데만과 오말과
스비와 가담과 그나스와 딤나와 아
말렉이요
37 르우엘의 아들은 나핫과 세라와 삼
마와 밋사요
38 세일의 아들은 로단과 소발과 시
브온과 아나와 디손과 에셀과 디
산이요
39 로단의 아들은 호리와 호맘이요 로
단의 누이는 딤나요
40 소발의 아들은 알란과 마나핫과 에
발과 스비와 오남이요 시브온의 아
들은 아야와 아나요
41 아나의 아들은 디손이요 디손의 아
들은 하므란과 에스반과 이드란과
그란이요
42 에셀의 아들은 빌한과 사아완과 야
아간이요 디산의 아들은 우스와 아
란이더라

43 이스라엘 자손을 다스리는 왕이 있
기 전에 에돔 땅을 다스린 왕은 이
러 하니라 브올의 아들 벨라니 그
의 도성 이름은 딘하바이며
44 벨라가 죽으매 보스라 세라의 아들
요밥이 대신하여 왕이 되고
45 요밥이 죽으매 데만 종족의 땅의
사람 후삼이 대신하여 왕이 되고
46 후삼이 죽으매 브닷의 아들 하닷이
대신하여 왕이 되었으니 하닷은 모
압 들에서 미디안을 친 자요 그 도
성 이름은 아윗이며
47 하닷이 죽으매 마스레가의 사믈라
가 대신하여 왕이 되고
48 사믈라가 죽으매 강 가의 르호봇
사울이 대신하여 왕이 되고
49 사울이 죽으매 악볼의 아들 바알하
난이 대신하여 왕이 되고
50 바알하난이 죽으매 하닷이 대신하
여 왕이 되었으니 그의 도성 이름은
바이요 그의 아내의 이름은 므헤다
벨이라 메사합의 손녀요 마드렛의
딸이더라
51 하닷이 죽으니라 그리고 에돔의 족
장은 이러하니 딤나 족장과 알랴
족장과 여뎃 족장과
52 오홀리바마 족장과 엘라 족장과 비
논 족장과
53 그나스 족장과 데만 족장과 밉살
족장과

54 막디엘 족장과 이람 족장이라 에돔
의 족장이 이러하였더라

2

이스라엘의 아들은 이러하니 르
우벤과 시므온과 레위와 유다와 잇
사갈과 스불론과
2 단과 요셉과 베냐민과 납달리와 갓
과 아셀이더라
3 유다의 아들은 에르와 오난과 셀라
니 이 세 사람은 가나안 사람 수아
의 딸이 유다에게 낳아 준 자요 유
다의 맏아들 에르는 야훼 보시기에
악하였으므로 야훼께서 죽이셨고
4 유다의 며느리 다말이 유다에게 베
레스와 세라를 낳아 주었으니 유다
의 아들이 모두 다섯이더라
5 베레스의 아들은 헤스론과 하물이요
6 세라의 아들은 시므리와 에단과 헤
만과 갈골과 다라니 모두 다섯 사
람이요
7 갈미의 아들은 아갈이니 그는 진멸
시킬 물건을 범하여 이스라엘을 괴
롭힌 자이며
8 에단의 아들은 아사랴더라
9 헤스론이 낳은 아들은 여라므엘과
람과 글루배라
10 람은 암미나답을 낳고 암미나답은
나손을 낳았으니 나손은 유다 자손
의 방백이며
11 나손은 살마를 낳고 살마는 보아스
를 낳고
12 보아스는 오벳을 낳고 오벳은 이새
를 낳고
13 이새는 맏아들 엘리압과 둘째로 아
비나답과 셋째로 시므아와
14 넷째로 느다넬과 다섯째로 랏대와
15 여섯째로 오셈과 일곱째로 다윗을
낳았으며
16 그들의 자매는 스루야와 아비가일
이라 스루야의 아들은 아비새와 요
압과 아사헬 삼형제요
17 아비가일은 아마사를 낳았으니 아
마사의 아버지는 이스마엘 사람 예
델이었더라
18 헤스론의 아들 갈렙이 그의 아내
아수바와 여리옷에게서 아들을 낳
았으니 그가 낳은 아들들은 예셀과
소밥과 아르돈이며
19 아수바가 죽은 후에 갈렙이 또 에
브랏에게 장가 들었더니 에브랏이
그에게 훌을 낳아 주었고
20 훌은 우리를 낳고 우리는 브살렐을
낳았더라
21 그 후에 헤스론이 육십 세에 길르
앗의 아버지 마길의 딸에게 장가
들어 동침하였더니 그가 스굽을 헤
스론에게 낳아 주었으며
22 스굽은 야일을 낳았고 야일은 길르
앗 땅에서 스물세 성읍을 가졌더니
23 그술과 아람이 야일의 성읍들과 그
낫과 그에 딸린 성읍들 모두 육십

기록일 : . . .

을 그들에게서 빼앗았으며 이들은
다 길르앗의 아버지 마길의 자손이
었더라
24 헤스론이 갈렙 에브라다에서 죽은
후에 그의 아내 아비야가 그로 말
미암아 아스훌을 낳았으니 아스훌
은 드고아의 아버지더라
25 헤스론의 맏아들 여라므엘의 아들
은 맏아들 람과 그 다음 브나와 오
렌과 오셈과 아히야이며
26 여라므엘이 다른 아내가 있었으니
이름은 아다라라 그는 오남의 어머
니더라
27 여라므엘의 맏아들 람의 아들은 마
아스와 야민과 에겔이요
28 오남의 아들들은 삼매와 야다요 삼
매의 아들은 나답과 아비술이며
29 아비술의 아내의 이름은 아비하일
이라 아비하일이 아반과 몰릿을 그
에게 낳아 주었으며
30 나답의 아들들은 셀렛과 압바임이
라 셀렛은 아들이 없이 죽었고
31 압바임의 아들은 이시요 이시의 아
들은 세산이요 세산의 아들은 알
래요
32 삼매의 아우 야다의 아들들은 예델
과 요나단이라 예델은 아들이 없이
죽었고
33 요나단의 아들들은 벨렛과 사사라
여라므엘의 자손은 이러하며
34 세산은 아들이 없고 딸뿐이라 그에
게 야르하라 하는 애굽 종이 있으
므로
35 세산이 딸을 그 종 야르하에게 주
어 아내를 삼게 하였더니 그가 그
로 말미암아 앗대를 낳고
36 앗대는 나단을 낳고 나단은 사밧을
낳고
37 사밧은 에블랄을 낳고 에블랄은 오
벳을 낳고
38 오벳은 예후를 낳고 예후는 아사라
를 낳고
39 아사랴는 헬레스를 낳고 헬레스는
엘르아사를 낳고
40 엘르아사는 시스매를 낳고 시스매
는 살룸을 낳고
41 살룸은 여가먀를 낳고 여가먀는 엘
리사마를 낳았더라
42 여라므엘의 아우 갈렙의 아들 곧
맏아들은 메사이니 십의 아버지요
그 아들은 마레사니 헤브론의 아버
지이며
43 헤브론의 아들들은 고라와 답부아
와 레겜과 세마라
44 세마는 라함을 낳았으니 라함은 요
르그암의 아버지이며 레겜은 삼매
를 낳았고
45 삼매의 아들은 마온이라 마온은 벧
술의 아버지이며
46 갈렙의 소실 에바는 하란과 모사와

기록일 : . . .

47

48

49

50

51

52

53

54

55

3

2

3

4

5

6

7

8

9

10

11

12

아사랴요 그의 아들은 요담이요
13 그의 아들은 아하스요 그의 아들은
히스기야요 그의 아들은 므낫세요
14 그의 아들은 아몬이요 그의 아들은
요시야이며
15 요시야의 아들들은 맏아들 요하난
과 둘째 여호야김과 셋째 시드기야
와 넷째 살룸이요
16 여호야김의 아들들은 그의 아들 여
고냐, 그의 아들 시드기야요
17 사로잡혀 간 여고냐의 아들들은 그
의 아들 스알디엘과
18 말기람과 브다야와 세낫살과 여가
먀와 호사마와 느다뱌요
19 브다야의 아들들은 스룹바벨과 시
므이요 스룹바벨의 아들은 므술람
과 하나냐와 그의 매제 슬로밋과
20 또 하수바와 오헬과 베레갸와 하사
댜와 유삽헤셋 다섯 사람이요
21 하나냐의 아들은 블라댜와 여사야
요 또 르바야의 아들 아르난의 아
들들, 오바댜의 아들들, 스가냐의
아들들이니
22 스가냐의 아들은 스마야요 스마야
의 아들들은 핫두스와 이갈과 바리
야와 느아랴와 사밧 여섯 사람이요
23 느아랴의 아들은 에료에내와 히스
기야와 아스리감 세 사람이요
24 에료에내의 아들들은 호다위야와
엘리아십과 블라야와 악굽과 요하
난과 들라야와 아나니 일곱 사람이
더라

4

유다의 아들들은 베레스와 헤스
론과 갈미와 훌과 소발이라
2 소발의 아들 르아야는 야핫을 낳고
야핫은 아후매와 라핫을 낳았으니
이는 소라 사람의 종족이며
3 에담 조상의 자손들은 이스르엘과
이스마와 잇바스와 그들의 매제 하
술렐보니와
4 그돌의 아버지 브누엘과 후사의 아
버지 에셀이니 이는 다 베들레헴의
아버지 에브라다의 맏아들 훌의 소
생이며
5 드고아의 아버지 아스훌의 두 아내
는 헬라와 나아라라
6 나아라는 그에게 아훗삼과 헤벨과
데므니와 하아하스다리를 낳아 주
었으니 이는 나아라의 소생이요
7 헬라의 아들들은 세렛과 이소할과
에드난이며
8 고스는 아눕과 소베바와 하룸의 아
들 아하헬 종족들을 낳았으며
9 야베스는 그의 형제보다 귀중한 자
라 그의 어머니가 이름하여 이르되
야베스라 하였으니 이는 내가 수고
로이 낳았다 함이었더라
10 야베스가 이스라엘 하나님께 아뢰
어 이르되 주께서 내게 복을 주시
려거든 나의 지역을 넓히시고 주의

손으로 나를 도우사 나로 환난을
벗어나 내게 근심이 없게 하옵소서
하였더니 하나님이 그가 구하는 것
을 허락하셨더라
11 수하의 형 글룹이 므힐을 낳았으니
므힐은 에스돈의 아버지요
12 에스돈은 베드라바와 바세아와 이
르나하스의 아버지가 되었
으니 이는 다 레가 사람이며
13 그나스의 아들들은 옷니엘과 스라
야요 옷니엘의 아들은 하닷이며
14 므오노대는 오브라를 낳고 스라야
는 요압을 낳았으니 요압은 게하
라심의 조상이라 그들은 공장이었
더라
15 여분네의 아들 갈렙의 자손은 이루
와 엘라와 나암이요 엘라의 자손은
그나스요
16 여할렐렐의 아들은 십과 시바와 디
리아와 아사렐이요
17 에스라의 아들들은 예델과 메렛과
에벨과 얄론이며 메렛은 미리암과
삼매와 에스드모아의 조상 이스바
를 낳았으니
18 이는 메렛이 아내로 맞은 바로의
딸 비디아의 아들들이며 또 그의
아내 여후디야는 그돌의 조상 예렛
과 소고의 조상 헤벨과 사노아의
조상 여구디엘을 낳았으며
19 나함의 누이인 호디야의 아내의 아
들들은 가미 사람 그일라의 아버지
와 마아가 사람 에스드모아이며
20 시몬의 아들들은 암논과 린나와 벤
하난과 딜론이요 이시의 아들들은
소헷과 벤소헷이더라
21 유다의 아들 셀라의 자손은 레가의
아버지 에르와 마레사의 아버지 라
아다와 세마포 짜는 자의 집 곧 아
스베야의 집 족속과
22 또 요김과 고세바 사람들과 요아스
와 모압을 다스리던 사랍과 야수비
네헴이니 이는 다 옛 기록에 의존
한 것이라
23 이 모든 사람은 토기장이가 되어
수풀과 산울 가운데에 거주하는 자
로서 거기서 왕과 함께 거주하면서
왕의 일을 하였더라
24 시므온의 아들들은 느무엘과 야민
과 야립과 세라와 사울이요
25 사울의 아들은 살룸이요 그의 아들
은 밉삼이요 그의 아들은 미스마요
26 미스마의 아들은 함무엘이요 그의
아들은 삭굴이요 그의 아들은 시므
이라
27 시므이에게는 아들 열여섯과 딸 여
섯이 있으나 그의 형제에게는 자녀
가 몇이 못되니 그들의 온 종족이
유다 자손처럼 번성하지 못하였더라
28 시므온 자손이 거주한 곳은 브엘세
바와 몰라다와 하살수알과

기록일 : . . .

29 빌하와 에셈과 돌랏과
30 브두엘과 호르마와 시글락과
31 벧말가봇과 하살수심과 벧비리와
사아라임이니 다윗 왕 때까지 이
모든 성읍이 그들에게 속하였으며
32 그들이 사는 곳은 에담과 아인과
림몬과 도겐과 아산 다섯 성읍이요
33 또 모든 성읍 주위에 살던 주민들
의 경계가 바알까지 다다랐으니 시
므온 자손의 거주지가 이러하고 각
기 계보가 있더라
34 또 메소밥과 야믈렉과 아마시야의
아들 요사와
35 요엘과 아시엘의 증손 스라야의 손
자 요시비야의 아들 예후와
36 또 엘료에내와 야아고바와 여소하
야와 아사야와 아디엘과 여시미엘
과 브나야와
37 또 스마야의 오대 손 시므리의 현
손 여다야의 증손 알론의 손자 시
비의 아들은 시사이니
38 여기 기록된 것들은 그들의 종족과
그들의 가문의 지도자들의 이름이
라 그들이 매우 번성한지라
39 그들이 그들의 양 떼를 위하여 목
장을 구하고자 하여 골짜기 동쪽
그돌 지경에 이르러
40 기름지고 아름다운 목장을 발견하
였는데 그 땅이 넓고 안정 되고 평
안하니 이는 옛적부터 거기에 거주
해 온 사람은 함의 자손인 까닭이라
41 이 명단에 기록된 사람들이 유다
왕 히스기야 때에 가서 그들의 장
막을 쳐서 무찌르고 거기에 있는
모우님 사람을 쳐서 진멸하고 대신
하여 오늘까지 거기에 살고 있으니
이는 그들의 양 떼를 먹일 목장이
거기에 있음이며
42 또 시므온 자손 중에 오백 명이 이
시의 아들 블라댜와 느아랴와 르바
야와 웃시엘을 두목으로 삼고 세일
산으로 가서
43 피신하여 살아남은 아말렉 사람을
치고 오늘까지 거기에 거주하고 있
더라

5 이스라엘의 장자 르우벤의 아들
들은 이러하니라 (르우벤은 장자라
도 그의 아버지의 침상을 더럽혔으
므로 장자의 명분이 이스라엘의 아
들 요셉의 자손에게로 돌아가서 족
보에 장자의 명분대로 기록되지 못
하였느니라
2 유다는 형제보다 뛰어나고 주권자
가 유다에게서 났으나 장자의 명분
은 요셉에게 있으니라)
3 이스라엘의 장자 르우벤의 아들들
은 하녹과 발루와 헤스론과 갈미요
4 요엘의 아들은 스마야요 그의 아들
은 곡이요 그의 아들은 시므이요
5 그의 아들은 미가요 그의 아들은

기록일 : . . .

6

7

8

9

10

11

12

13

14

15

16

17

18

19

20

21

22

기록일 : . . .

잡힐 때까지 이르렀더라
23 므낫세 반 지파 자손들이 그 땅에
거주하면서 그들이 번성하여 바산
에서부터 바알헤르몬과 스닐과 헤
르몬 산까지 다다랐으며
24 그들의 족장은 에벨과 이시와 엘리
엘과 아스리엘과 예레미야와 호다
위야와 야디엘이며 다 용감하고 유
명한 족장이었더라
25 그들이 그들의 조상들의 하나님께
범죄하여 하나님이 그들 앞에서 멸
하신 그 땅 백성의 신들을 간음하
듯 섬긴지라
26 그러므로 이스라엘 하나님이 앗수
르 왕 불의 마음을 일으키시며 앗
수르 왕 디글랏빌레셀의 마음을 일
으키시매 곧 르우벤과 갓과 므낫세
반 지파를 사로잡아 할라와 하볼과
하라와 고산 강 가에 옮긴지라 그
들이 오늘까지 거기에 있으니라

6

레위의 아들들은 게르손과 그핫
과 므라리요
2 그핫의 아들들은 아므람과 이스할
과 헤브론과 웃시엘이요
3 아므람의 자녀는 아론과 모세와 미
리암이요 아론의 자녀는 나답과 아
비후와 엘르아살과 이다말이며
4 엘르아살은 비느하스를 낳고 비느
하스는 아비수아를 낳고
5 아비수아는 북기를 낳고 북기는 웃
시를 낳고
6 웃시는 스라히야를 낳고 스라히야
는 므라욧을 낳고
7 므라욧은 아마랴를 낳고 아마랴는
아히둡을 낳고
8 아히둡은 사독을 낳고 사독은 아히
마아스를 낳고
9 아히마아스는 아사랴를 낳고 아사
랴는 요하난을 낳고
10 요하난은 아사랴를 낳았으니 이 아
사랴는 솔로몬이 예루살렘에 세운
성전에서 제사장의 직분을 행한 자
이며
11 아사랴는 아마랴를 낳고 아마랴는
아히둡을 낳고
12 아히둡은 사독을 낳고 사독은 살룸
을 낳고
13 살룸은 힐기야를 낳고 힐기야는 아
사랴를 낳고
14 아사랴는 스라야를 낳고 스라야는
여호사닥을 낳았으며
15 여호와께서 느부갓네살의 손으로 유
다와 예루살렘 백성을 옮기실 때에
여호사닥도 가니라
16 레위의 아들들은 게르손과 그핫과
므라리이며
17 게르손의 아들들의 이름은 이러하
니 립니와 시므이요
18 그핫의 아들들은 아므람과 이스할
과 헤브론과 웃시엘이요

기록일 :   .   .   .

19 므라리의 아들들은 말리와 무시라
그 조상에 따라 레위의 종족은 이
러하니
20 게르손에게서 난 자는 곧 그의 아
들 립니요 그의 아들은 야핫이요
그의 아들은 심마요
21 그의 아들은 요아요 그의 아들은
잇도요 그의 아들은 세라요 그의
아들은 여아드래이며
22 그핫에게서 난 자는 곧 그 아들은
암미나답이요 그의 아들은 고라요
그의 아들은 앗실이요
23 그의 아들은 엘가나요 그의 아들은
에비아삽이요 그의 아들은 앗실이요
24 그의 아들은 다핫이요 그의 아들은
우리엘이요 그의 아들은 웃시야요
그의 아들은 사울이라
25 엘가나의 아들들은 아마새와 아히
못이라
26 엘가나로 말하면 그의 자손은 이러
하니 그의 아들은 소배요 그의 아
들은 나핫이요
27 그의 아들은 엘리압이요 그의 아
들은 여로함이요 그의 아들은 엘
가나라
28 사무엘의 아들들은 맏아들 요엘이
요 다음은 아비야라
29 므라리에게서 난 자는 말리요 그의
아들은 립니요 그의 아들은 시므이
요 그의 아들은 웃사요
30 그의 아들은 시므아요 그의 아들은
학기야요 그의 아들은 아사야더라
31 언약궤가 평안을 얻었을 때에 다윗
이 야훼의 성전에서 찬송하는 직분
을 맡긴 자들은 아래와 같으니라
32 솔로몬이 예루살렘에서 야훼의 성
전을 세울 때까지 그들이 회막 앞
에서 찬송하는 일을 행하되 그 반
열대로 직무를 행하였더라
33 직무를 행하는 자와 그의 아들들은
이러하니 그핫의 자손 중에 헤만은
찬송하는 자라 그는 요엘의 아들이
요 요엘은 사무엘의 아들이요
34 사무엘은 엘가나의 아들이요 엘가
나는 여로함의 아들이요 여로함은
엘리엘의 아들이요 엘리엘은 도아
의 아들이요
35 도아는 숩의 아들이요 숩은 엘가나
의 아들이요 엘가나는 마핫의 아들
이요 마핫은 아마새의 아들이요
36 아마새는 엘가나의 아들이요 엘가
나는 요엘의 아들이요 요엘은 아사
랴의 아들이요 아사랴는 스바냐의
아들이요
37 스바냐는 다핫의 아들이요 다핫은
앗실의 아들이요 앗실은 에비아삽
의 아들이요 에비아삽은 고라의 아
들이요
38 고라는 이스할의 아들이요 이스할
은 그핫의 아들이요 그핫은 레위의

기록일 : . . .

아들이요 레위는 이스라엘의 아들
이라
39 헤만의 형제 아삽은 헤만의 오른쪽
에서 직무를 행하였으니 그는 베레
갸의 아들이요 베레갸는 시므아의
아들이요
40 시므아는 미가엘의 아들이요 미가
엘은 바아세야의 아들이요 바아세
야는 말기야의 아들이요
41 말기야는 에드니의 아들이요 에드
니는 세라의 아들이요 세라는 아다
야의 아들이요
42 아다야는 에단의 아들이요 에단은
심마의 아들이요 심마는 시므이의
아들이요
43 시므이는 야핫의 아들이요 야핫은
게르손의 아들이요 게르손은 레위
의 아들이며
44 그들의 형제 므라리의 자손 중 그
의 왼쪽에서 직무를 행하는 자는
에단이라 에단은 기시의 아들이요
기시는 압디의 아들이요 압디는 말
룩의 아들이요
45 말룩은 하사뱌의 아들이요 하사뱌
는 아마시야의 아들이요 아마시야
는 힐기야의 아들이요
46 힐기야는 암시의 아들이요 암시는
바니의 아들이요 바니는 세멜의 아
들이요
47 세멜은 말리의 아들이요 말리는 무
시의 아들이요 무시는 므라리의 아
들이요 므라리는 레위의 아들이며
48 그들의 형제 레위 사람들은 하나님
의 집 장막의 모든 일을 맡았더라
49 아론과 그의 자손들은 번제단과 향
단 위에 분향하며 제사를 드리며
지성소의 모든 일을 하여 하나님의
종 모세의 모든 명령대로 이스라엘
을 위하여 속죄하니
50 아론의 자손들은 이러하니라 그의
아들은 엘르아살이요 그의 아들은
비느하스요 그의 아들은 아비수아요
51 그의 아들은 북기요 그의 아들은
웃시요 그의 아들은 스라히야요
52 그의 아들은 므라욧이요 그의 아
들은 아마랴요 그의 아들은 아히
둡이요
53 그의 아들은 사독이요 그의 아들은
아히마아스이더라
54 그들의 거주한 곳은 사방 지계 안
에 있으니 그들의 마을은 아래와
같으니라 아론 자손 곧 그핫 종족
이 먼저 제비 뽑았으므로
55 그들에게 유다 땅의 헤브론과 그
사방 초원을 주었고
56 그러나 그 성의 밭과 마을은 여분
네의 아들 갈렙에게 주었으며
57 아론 자손에게 도피성을 주었으니
헤브론과 립나와 그 초원과 얏딜과
에스드모아와 그 초원과

기록일 : . . .

58

59

60

61

62

63

64

65

66

67

68

69

70

71

72

73

74

75

76

77

78

79

80

기록일 : . . .

그 초원과 마하나임과 그 초원과
81 헤스본과 그 초원과 야셀과 그 초
원을 주었더라

7

잇사갈의 아들들은 돌라와 부아
와 야숩과 시므론 네 사람이며
2 돌라의 아들들은 웃시와 르바야와
여리엘과 야매와 입삼과 스므엘이
니 다 그의 아버지 돌라의 집 우두
머리라 대대로 용사이더니 다윗 때
에 이르러는 그 수효가 이만 이천
육백 명이었더라
3 웃시의 아들은 이스라히야요 이스
라히야의 아들들은 미가엘과 오바
댜와 요엘과 잇시야 다섯 사람이
모두 우두머리며
4 그들과 함께 있는 자는 그 계보와
종족대로 능히 출전할 만한 군대가
삼만 육천 명이니 이는 그 처자가
많기 때문이며
5 그의 형제 잇사갈의 모든 종족은
다 용감한 장사라 그 전체를 계수
하면 팔만 칠천 명이었더라
6 베냐민의 아들들은 벨라와 베겔과
여디아엘 세 사람이며
7 벨라의 아들들은 에스본과 우시와
웃시엘과 여리못과 이리 다섯 사람
이니 다 그 집의 우두머리요 큰 용
사라 그 계보대로 계수하면 이만
이천삼십사 명이며
8 베겔의 아들들은 스미라와 요아스
와 엘리에셀과 엘료에내와 오므리
와 여레못과 아비야와 아나돗과 알
레멧이니 베겔의 아들들은 모두 이
러하며
9 그들은 다 그 집의 우두머리요 용
감한 장사라 그 자손을 계보에 의
해 계수하면 이만 이백 명이며
10 여디아엘의 아들은 빌한이요 빌한
의 아들들은 여우스와 베냐민과 에
훗과 그나아나와 세단과 다시스와
아히사할이니
11 이 여디아엘의 아들들은 모두 그
집의 우두머리요 큰 용사라 그들의
자손 중에 능히 출전할 만한 자가
만 칠천이백 명이며
12 일의 아들은 숩빔과 훕빔이요 아헬
의 아들은 후심이더라
13 납달리의 아들들은 야시엘과 구니
와 예셀과 살룸이니 이는 빌하의
손자더라
14 므낫세의 아들들은 그의 아내가 낳
아 준 아스리엘과 그의 소실 아람
여인이 낳아 준 길르앗의 아버지 마
길이니
15 마길은 훕빔과 숩빔의 누이 마아가
라 하는 이에게 장가 들었더라 므낫
세의 둘째 아들의 이름은 슬로브핫
이니 슬로브핫은 딸들만 낳았으며
16 마길의 아내 마아가는 아들을 낳아
그의 이름을 베레스라 하였으며 그

의 아우의 이름은 세레스이며 세레
스의 아들들은 울람과 라겜이요
17 울람의 아들들은 브단이니 이상은 마
길르앗의 자손이라 길르앗은 마길
의 아들이요 므낫세의 손자이며
18 그의 누이 함몰레겟은 이스홋과 아
비에셀과 말라를 낳았고
19 스미다의 아들들은 아히안과 세겜
과 릭히와 아니암이더라
20 에브라임의 아들은 수델라요 그의
아들은 베렛이요 그의 아들은 다핫
이요 그의 아들은 엘르아다요 그의
아들은 다핫이요
21 그의 아들은 사밧이요 그의 아들은
수델라며 그가 또 에셀과 엘르앗을
낳았으나 그들이 가드 원주민에게
죽임을 당하였으니 이는 그들이 내
려가서 가드 사람의 짐승을 빼앗고
자 하였음이라
22 그의 아버지 에브라임이 여러 날 슬
퍼하므로 그의 형제가 가서 위로하
였더라
23 그리고 에브라임이 그의 아내와 동
침하매 임신하여 아들을 낳으니 그
집이 재앙을 받았으므로 그의 이름
을 브리아라 하였더라
24 에브라임의 딸은 세에라이니 그가
아래 윗 벧호론과 우센세에라를
건설하였더라
25 브리아의 아들들은 레바와 레셉이
요 레셉의 아들은 델라요 그의 아
들은 다한이요
26 그의 아들은 라단이요 그의 아들은
암미훗이요 그의 아들은 엘리사마요
27 그의 아들은 눈이요 그의 아들은
여호수아더라
28 에브라임의 자손의 토지와 거주지는
벧엘과 그 주변 마을이요 동쪽으로는
나아란이요 서쪽에는 게셀과 그
주변 마을이며 또 세겜과 그 주변
마을이니 아사와 그 주변 마을까지
이며
29 또 므낫세 자손의 지경에 가까운
벧스안과 그 주변 마을과 다아낙
과 그 주변 마을과 므깃도와 그 주
변 마을과 돌과 그 주변 마을이라
이스라엘의 아들 요셉의 자손이 이
여러 곳에 거하였더라
30 아셀의 아들들은 임나와 이스와와
이스위와 브리아요 그들의 매제는
세라이며
31 브리아의 아들들은 헤벨과 말기엘
이니 말기엘은 비르사잇의 아버지
이며
32 헤벨은 야블렛과 소멜과 호담과 그
들의 매제 수아를 낳았으며
33 야블렛의 아들들은 바삭과 빔할과
아스왓이니 야블렛의 아들들은 이러
하며
34 소멜의 아들들은 아히와 로가와 호

바와 아람이요
35 그의 아우 헬렘의 아들들은 소바와
임나와 셀레스와 아말이요
36 소바의 아들들은 수아와 하르네벨
과 수알과 베리와 이므라와
37 베셀과 홋과 사마와 실사와 이드란
과 브에라요
38 예델의 아들들은 여분네와 비스바
와 아라요
39 울라의 아들들은 아라와 한니엘과
리시아이니
40 이는 다 아셀의 자손으로 우두머리
요 정선된 용감한 장사요 방백의
우두머리라 출전할 만한 자를 그들
의 계보대로 계수하면 이만 육천
명이었더라
8 베냐민이 낳은 자는 맏아들 벨라
와 둘째 아스벨과 셋째 아하라와
2 넷째 노하와 다섯째 라바이며
3 벨라에게 아들들이 있으니 곧 앗달
과 게라와 아비훗과
4 아비수아와 나아만과 아호아와
5 게라와 스부반과 후람이라
6 에훗의 아들들은 이러하니라 그들
은 게바 주민의 우두머리로서, 사로
잡혀 마나핫으로 갔으니
7 곧 나아만과 아히야와 게라이며 게
라는 또 웃사와 아히훗을 낳았으며
8 사하라임은 두 아내 후심과 바아라
를 내보낸 후에 모압 땅에서 자녀
를 낳았으니
9 그의 아내 호데스에게서 낳은 자는
요밥과 시비야와 메사와 말감과
10 여우스와 사갸와 미르마이니 이 아
들들은 우두머리이며
11 또 그의 아내 후심에게서 아비둡과
엘바알을 낳았으며
12 엘바알의 아들들은 에벨과 미삼과
세멧이니 그는 오노와 롯과 그 주
변 마을들을 세웠고
13 또 브리아와 세마이니 그들은 아얄
론 주민의 우두머리가 되어 그들이
가드 주민을 쫓아냈더라
14 아히요와 사삭과 여레못과
15 스바다와 아랏과 에델과
16 미가엘과 이스바와 요하는 다 브리
아의 아들들이요
17 스바댜와 므술람과 히스기와 헤벨과
18 이스므래와 이슬리아와 요밥은 다
엘바알의 아들들이요
19 야김과 시그리와 삽디와
20 엘리에내와 실르대와 엘리엘과
21 아다야와 브라야와 시므랏은 다 시
므이의 아들들이요
22 이스반과 에벨과 엘리엘과
23 압돈과 시그리와 하난과
24 하나냐와 엘람과 안도디야와
25 이브드야와 브누엘은 다 사삭의 아
들들이요
26 삼스래와 스하랴와 아달랴와

기록일 : . . .

27 야아레시야와 엘리야와 시그리는
다 여로함의 아들들이니
28 그들은 다 가문의 우두머리요 대대로 그
들의 족보의 우두머리로서 예루살
렘에 거주하였더라
29 기브온의 조상 여이엘은 기브온에
거주하였으니 그 아내의 이름은 마
아가며
30 장자는 압돈이요 다음은 술과 기스
와 바알과 나답과
31 그돌과 아히오와 세겔이며
32 미글롯은 시므아를 낳았으며 그들
은 친족들과 더불어 마주하고 예루
살렘에 거주하였더라
33 넬은 기스를 낳고 기스는 사울을
낳고 사울은 요나단과 말기수아와
아비나답과 에스바알을 낳았으며
34 요나단의 아들은 므립바알이라 므
립바알은 미가를 낳았고
35 미가의 아들들은 비돈과 멜렉과 다
레아와 아하스이며
36 아하스는 여호앗다를 낳고 여호앗
다는 알레멧과 아스마웻과 시므리
를 낳고 시므리는 모사를 낳고
37 모사는 비느아를 낳았으며 비느아
의 아들은 라바요 그의 아들은 엘
르아사요 그의 아들은 아셀이며
38 아셀에게 여섯 아들이 있어 그들
의 이름은 이러하니 아스리감과 보
그루와 이스마엘과 스아랴와 오바
댜와 하난이라 아셀의 모든 아들이
이러하며
39 그의 아우 에섹의 아들은 이러하니
그의 맏아들은 울람이요 둘째는 여
우스요 셋째는 엘리벨렛이며
40 울람의 아들은 다 용감한 장사요
활을 잘 쏘는 자라 아들과 손자가
많아 백오십 명이었더라 베냐민의
자손들은 이러하였더라

9

온 이스라엘이 그 계보대로 계수
되어 그들은 이스라엘 왕조실록에
기록되니라 유다가 범죄함으로 말미
암아 바벨론으로 사로잡혀 갔더니
2 그들의 땅 안에 있는 성읍에 처음
으로 거주한 이스라엘 사람들은 제
사장들과 레위 사람들과 느디님 사
람들이라
3 유다 자손과 베냐민 자손과 에브라
임과 므낫세 자손 중에서 예루살렘
에 거주한 자는
4 유다의 아들 베레스 자손 중에 우
대니 그는 암미훗의 아들이요 오므
리의 손자요 이므리의 증손이요 바
니의 현손이며
5 실로 사람 중에서는 장자 아사야
와 그의 아들들이요
6 세라 자손 중에서는 여우엘과 그
형제 육백구십 명이요
7 베냐민 자손 중에서는 핫스누아의
증손 호다위아의 손자 므술람의 아

들 살루요
8 여로함의 아들 이브느야와 미그리
의 손자 웃시의 아들 엘라요 이브
니야의 증손 르우엘의 손자 스바댜
의 아들 무술람이요
9 또 그의 형제들이라 그들의 계보대
로 계수하면 구백오십육 명이니 다
종족의 가문의 우두머리들이더라
10 제사장 중에서는 여다야와 여호야
립과 야긴과
11 하나님의 성전을 맡은 자 아사랴이
니 그는 힐기야의 아들이요 므술람
의 손자요 사독의 증손이요 므라욧
의 현손이요 아히둡의 오대손이며
12 또 아다야이니 그는 여로함의 아들
이요 바스훌의 손자요 말기야의 증
손이며 또 마아새니 그는 아디엘의
아들이요 야세라의 손자요 므술람
의 증손이요 므실레밋의 현손이요
임멜의 오대손이며
13 또 그의 형제들이니 종족의 가문의
우두머리라 하나님의 성전의 임무
를 수행할 힘있는 자는 모두 천칠
백육십 명이더라
14 레위 사람 중에서는 므라리 자손
스마야이니 그는 핫숩의 아들이요
아스리감의 손자요 하사뱌의 증손
이며
15 또 박박갈과 헤레스와 갈랄과 맛다
냐이니 그는 미가의 아들이요 시그
리의 손자요 아삽의 증손이며
16 또 오바댜이니 그는 스마야의 아들
이요 갈랄의 손자요 여두둔의 증
손이며 또 베레갸이니 그는 아사의
아들이요 엘가나의 손자라 느도바
사람의 마을에 거주하였더라
17 문지기는 살룸과 악굽과 달몬과 아
히만과 그의 형제들이니 살룸은 그
우두머리라
18 이 사람들은 전에 왕의 문 동쪽 곧
레위 자손의 진영의 문지기이며
19 고라의 증손 에비아삽의 손자 고레
의 아들 살룸과 그의 종족 형제 곧
고라의 자손이 수종 드는 일을 맡
아 성막 문들을 지켰으니 그들의
조상들도 야훼의 진영을 맡고 출입
문을 지켰으며
20 야훼께서 함께 하신 엘르아살의 아
들 비느하스가 옛적에 그의 무리를
거느렸고
21 므셀레먀의 아들 스가랴는 회막 문
지기가 되었더라
22 택함을 입어 문지기 된 자가 모두
이백열두 명이니 이는 그들의 마을
에서 그들의 계보대로 계수된 자요
다윗과 선견자 사무엘이 전에 세워
서 이 직분을 맡긴 자라
23 그들과 그들의 자손이 그 순차를
좇아 야훼의 성전 곧 성막 문을 지
켰는데

기록일 : . . .

24 이 문지기가 동, 서, 남, 북 사방에
섰고
25 그들의 마을에 있는 형제들은 이레
마다 와서 그들과 함께 있으니
26 이는 문지기의 우두머리 된 레위
사람 넷이 중요한 직분을 맡아 하
나님의 성전 모든 방과 곳간을 지
켰음이라
27 그들은 하나님의 성전을 맡은 직분
이 있으므로 성전 주위에서 밤을 지
내며 아침마다 문을 여는 책임이
그들에게 있었더라
28 그 중에 어떤 사람은 섬기는 데 쓰는
기구를 맡아서 그 수효대로 들여가
고 수효대로 내오며
29 또 어떤 자는 성소의 기구와 모든
그릇과 고운 가루와 포도주와 기름
과 유향과 향품을 맡았으며
30 또 제사장의 아들 중의 어떤 자는
향품으로 향기름을 만들었으며
31 고라 자손 살룸의 맏아들 맛디댜라
하는 레위 사람은 전병을 굽는 일
을 맡았으며
32 또 그의 형제 그핫 자손 중에 어떤
자는 진설하는 떡을 맡아 안식일마
다 준비하였더라
33 또 찬송하는 자가 있으니 곧 레위
우두머리라 그들은 골방에 거주하
면서 주야로 자기 직분에 전념하므
로 다른 일은 하지 아니하였더라
34 그들은 다 레위 가문의 우두머리이
며 그들의 족보의 우두머리로서 예
루살렘에 거주하였더라
35 기브온의 조상 여이엘은 기브온에
거주하였으니 그의 아내의 이름은
마아가라
36 그의 맏아들은 압돈이요 다음은 술
과 기스와 바알과 넬과 나답과
37 그돌과 아히오와 스가랴와 미글롯
이며
38 미글롯은 시므암을 낳았으니 그들
도 그들의 친족들과 더불어 마주하
고 예루살렘에 거주하였더라
39 넬은 기스를 낳고 기스는 사울을
낳고 사울은 요나단과 말기수아와
아비나답과 에스바알을 낳았으며
40 요나단의 아들은 므립바알이라 므
립바알은 미가를 낳았고
41 미가의 아들들은 비돈과 멜렉과 다
레아와 아하스이며
42 아하스는 야라를 낳고 야라는 알레
멧과 아스마웻과 시므리를 낳고 시
므리는 모사를 낳고
43 모사는 비느아를 낳았으며 비느아
의 아들은 르바야요 그의 아들은
엘르아사요 그의 아들은 아셀이며
44 아셀이 여섯 아들이 있으니 그들의
이름은 아스리감과 보그루와 이스
마엘과 스아랴와 오바댜와 하난이
라 아셀의 아들들이 이러하였더라

기록일 : . . .

10 블레셋 사람들과 이스라엘이 싸
우더니 이스라엘 사람들이 블레셋
사람들 앞에서 도망하다가 길보아
산에서 죽임을 당하여 엎드러지니라
2 블레셋 사람들이 사울과 그 아들들
을 추격하여 블레셋 사람들이 사울
의 아들 요나단과 아비나답과 말기
수아를 죽이고
3 사울을 맹렬히 치며 활 쏘는 자가
사울에게 따라 미치매 사울이 그
쏘는 자로 말미암아 심히 다급하여
4 사울이 자기의 무기를 가진 자에
게 이르되 너는 칼을 빼어 그것으
로 나를 찌르라 할례 받지 못한 자
들이 와서 나를 욕되게 할까 두려
워하노라 그러나 그의 무기를 가
진 자가 심히 두려워하여 행하기를
원하지 아니하매 사울이 자기 칼을
뽑아서 그 위에 엎드러지니
5 무기 가진 자가 사울이 죽는 것을 보
고 자기도 칼에 엎드러져 죽으니라
6 이와 같이 사울과 그의 세 아들과
그 온 집안이 함께 죽으니라
7 골짜기에 있는 모든 이스라엘 사람
이 그들의 도망한 것과 사울과 그
의 아들들이 다 죽은 것을 보고 그
성읍들을 버리고 도망하매 블레셋
사람들이 와서 거기에 거주하니라
8 이튿날에 블레셋 사람들이 와서 죽
임을 당한 자의 옷을 벗기다가 사
울과 그의 아들들이 길보아 산에
엎드러졌음을 보고
9 곧 사울의 옷을 벗기고 그의 머리
와 갑옷을 가져다가 사람을 블레셋
땅 사방에 보내 모든 이방 신전과
그 백성에게 소식을 전하고
10 사울의 갑옷을 그들의 신전에 두고
그의 머리를 다곤의 신전에 단지라
11 길르앗야베스 모든 사람이 블레셋
사람들이 사울에게 행한 모든 일을
듣고
12 용사들이 다 일어나서 사울의 시체
와 그의 아들들의 시체를 거두어
야베스로 가져다가 그 곳 상수리나
무 아래에 그 해골을 장사하고 칠
일간 금식하였더라
13 사울이 죽은 것은 야훼께 범죄하였
기 때문이라 그가 야훼의 말씀을
지키지 아니하고 또 신접한 자에게
가르치기를 청하고
14 야훼께 묻지 아니하였으므로 야훼
께서 그를 죽이시고 그 나라를 이
새의 아들 다윗에게 넘겨 주셨더라

11 온 이스라엘이 헤브론에 모여 다
윗을 보고 이르되 우리는 왕의 가
까운 혈족이니이다
2 전에 곧 사울이 왕이 되었을 때에
도 이스라엘을 거느리고 출입하게
한 자가 왕이시었고 왕의 하나님
야훼께서도 왕에게 말씀하시기를

기록일 : . . .

네가 내 백성 이스라엘의 목자가
되며 내 백성 이스라엘의 주권자가
되리라 하셨나이다 하니라
3 이에 이스라엘 모든 장로가 헤브
론에 있는 왕에게 나아가니 헤브
론에서 다윗이 그들과 여호와 앞에
서 언약을 맺으매 그들이 다윗에게
기름을 부어 이스라엘 왕으로 삼았으
니 여호와께서 사무엘을 통하여 전하신
말씀대로 되었더라
4 다윗이 온 이스라엘과 더불어 예루
살렘 곧 여부스에 이르니 여부스 땅
의 주민들이 거기에 있었더라
5 여부스 원주민이 다윗에게 이르기를
네가 이리로 들어오지 못하리라 하였
으나 다윗이 시온 산성을 빼앗았
으니 이는 다윗 성이더라
6 다윗이 이르기를 누구든지 먼저 여부스 사람을
치는 자는 우두머리와 지휘관으로
삼으리라 하였더니 스루야의 아들
요압이 먼저 올라갔으므로 우두머
리가 되었고
7 다윗이 그 산성에 살았으므로 무리
가 다윗 성이라 불렀으며
8 다윗이 밀로에서부터 두루 성을 쌓
았고 그 성의 나머지는 요압이 중
수하였더라
9 만군의 여호와께서 함께 계시니 다윗
이 점점 강성하여 가니라
10 다윗에게 있는 용사의 우두머리는
이러하니라 이 사람들이 온 이스라
엘과 더불어 다윗을 힘껏 도와 나
라를 얻게 하고 그를 세워 왕으로
삼았으니 이는 여호와께서 이스라엘
에 대하여 이르신 말씀과 같이 함이었
더라
11 다윗에게 있는 용사의 수가 이러하
니라 학몬의 아들 야소브암은 삼십
명의 우두머리라 그가 창을 들어 한
꺼번에 삼백 명을 죽였고
12 그 다음은 아호아 사람 도도의 아들
엘르아살이니 세 용사 중 하나이
라
13 그가 바스담밈에서 다윗과 함께 있
었더니 블레셋 사람들이 그 곳에
모여와서 치니 거기에 보리가 많
이 난 밭이 있더라 백성들이 블레셋
사람들 앞에서 도망하되
14 그들이 그 밭 가운데에 서서 그 밭을
보호하여 블레셋 사람들을 죽였으
니 여호와께서 큰 구원으로 구원하심
이었더라
15 삼십 우두머리 중 세 사람이 바위
로 내려가서 아둘람 굴 다윗에게
이를 때에 블레셋 군대가 르바임
골짜기에 진 쳤더니
16 그 때에 다윗은 산성에 있고 블레
셋 사람들의 진영은 베들레헴에 있
는지라
17 다윗이 갈망하여 이르되 베들레헴

기록일 : . . .

성문 곁 우물 물을 누가 내게 마시
게 할꼬 하매
18 이 세 사람이 블레셋 사람들의 군
대를 돌파하고 지나가서 베들레헴
성문 곁 우물 물을 길어가지고 다
윗에게로 왔으나 다윗이 마시기를
기뻐하지 아니하고 그 물을 야훼께
부어드리고
19 이르되 내 하나님이여 내가 결단코
이런 일을 하지 아니하리이다 생명
을 돌아보지 아니하고 갔던 이 사
람들의 피를 어찌 마시리이까 하고
그들이 자기 생명도 돌보지 아니하
고 이것을 가져왔으므로 그것을 마
시기를 원하지 아니하니라 세 용사
가 이런 일을 행하였더라
20 요압의 아우 아비새는 그 세 명 중
우두머리라 그가 창을 휘둘러 삼백
명을 죽이고 그 세 명 가운데에 이
름을 얻었으니
21 그는 둘째 세 명 가운데에 가장 뛰
어나 그들의 우두머리가 되었으나
첫째 세 명에게는 미치지 못하니라
22 갑스엘 용사의 손자 여호야다의 아
들 브나야는 용감한 사람이라 그가
모압 아리엘의 아들 둘을 죽였고
또 눈 올 때에 함정에 내려가서 사
자 한 마리를 죽였으며
23 또 키가 큰 애굽 사람을 죽였는데
그 사람의 키가 다섯 규빗이요 그
손에 든 창이 베틀채 같으나 그가
막대기를 가지고 내려가서 그 애굽
사람의 손에서 창을 빼앗아 그 창
으로 죽였더라
24 여호야다의 아들 브나야가 이런 일
을 행하였으므로 세 용사 중에 이
름을 얻고
25 삼십 명 중에서는 뛰어나나 첫째 세
사람에게는 미치지 못하니라 다윗
이 그를 세워 시위대장을 삼았더라
26 또 군사 중의 큰 용사는 요압의 아
우 아사헬과 베들레헴 사람 도도의
아들 엘하난과
27 하롤 사람 삼훗과 블론 사람 헬레
스와
28 드고아 사람 익게스의 아들 이라와
아나돗 사람 아비에셀과
29 후사 사람 십브개와 아호아 사람
일래와
30 느도바 사람 마하래와 느도바 사람
바아나의 아들 헬렛과
31 베냐민 자손에 속한 기브아 사람
리배의 아들 이대와 비라돈 사람
브나야와
32 가아스 시냇가에 사는 후래와 아르
바 사람 아비엘과
33 바하룸 사람 아스마웻과 사알본 사
람 엘리아바와
34 기손 사람 하셈의 아들들과 하랄
사람 사게의 아들 요나단과

35 하랄 사람 사갈의 아들 아히암과
올의 아들 엘리발과
36 므게랏 사람 헤벨과 블론 사람 아
히야와
37 갈멜 사람 헤스로와 에스배의 아들
나아래와
38 나단의 아우 요엘과 하그리의 아들
밉할과
39 암몬 사람 셀렉과 스루야의 아들
요압의 무기 잡은 자 베롯 사람 나
하래와
40 이델 사람 이라와 이델 사람 가렙과
41 헷 사람 우리아와 알래의 아들 사
밧과
42 르우벤 자손 시사의 아들 곧 르우
벤 자손의 우두머리 아디나와 그
추종자 삼십 명과
43 마아가의 아들 하난과 미덴 사람
요사밧과
44 아스드랏 사람 웃시야와 아로엘 사
람 호담의 아들 사마와 여이엘과
45 시므리의 아들 여디아엘과 그의 아
우 디스 사람 요하와
46 마하위 사람 엘리엘과 엘라암의 아
들 여리배와 요사위야와 모압 사람
이드마와
47 엘리엘과 오벳과 므소바 사람 야아
시엘이더라

12 다윗이 기스의 아들 사울로 말미
암아 시글락에 숨어 있을 때에 그
에게 와서 싸움을 도운 용사 중에
든 자가 있었으니
2 그들은 활을 가지며 좌우 손을 놀
려 물매도 던지며 화살도 쏘는 자
요 베냐민 지파 사울의 동족인데
그 이름은 이러하니라
3 그 우두머리는 아히에셀이요 다음
은 요아스이니 기브아 사람 스마아
의 두 아들이요 또 아스마웻의 아
들 여시엘과 벨렛과 또 브라가와
아나돗 사람 예후와
4 기브온 사람 곧 삼십 명 중에 용사
요 삼십 명의 우두머리가 된 이스
마야이며 또 예레미야와 야하시엘
과 요하난과 그데라 사람 요사밧과
5 엘루새와 여리못과 브아랴와 스마
랴와 하룹 사람 스바댜와
6 고라 사람들 엘가나와 잇시야와 아
사렐과 요에셀과 야소브암이며
7 그돌 사람 여로함의 아들 요엘라와
스바댜더라
8 갓 사람 중에서 광야에 있는 요새
에 이르러 다윗에게 돌아온 자가
있었으니 다 용사요 싸움에 익숙하
여 방패와 창을 능히 쓰는 자라 그
의 얼굴은 사자 같고 빠르기는 산
의 사슴 같으니
9 그 우두머리는 에셀이요 둘째는 오
바댜요 셋째는 엘리압이요
10 넷째는 미스만나요 다섯째는 예레

미야요
11 여섯째는 앗대요 일곱째는 엘리엘
이요
12 여덟째는 요하난이요 아홉째는 엘
사밧이요
13 열째는 예레미야요 열한째는 막반
내라
14 이 갓 자손이 군대 지휘관이 되어
그 작은 자는 백부장이요, 그 큰 자
는 천부장이더니
15 정월에 요단 강 물이 모든 언덕에
넘칠 때에 이 무리가 강물을 건너서
골짜기에 있는 모든 자에게 동서로
도망하게 하였더라
16 베냐민과 유다 자손 중에서 요새에
이르러 다윗에게 나오매
17 다윗이 나가서 맞아 그들에게 말하
여 이르되 만일 너희가 평화로이 내
게 와서 나를 돕고자 하면 내 마음
이 너희 마음과 하나가 되려니와
만일 너희가 나를 속여 내 대적에
게 넘기고자 하면 내 손에 불의함
이 없으니 우리 조상들의 하나님이
감찰하시고 책망하시기를 원하노라
하매
18 그 때에 성령이 삼십 명의 우두머
리 아마새를 감싸시니 이르되 다윗
이여 우리가 당신에게 속하겠고 이
새의 아들이여 우리가 당신과 함께
있으리니 원하건대 평안하소서 당
신도 평안하고 당신을 돕는 자에게
도 평안이 있을지니 이는 당신의 하
나님이 당신을 도우심이니이다 한
지라 다윗이 그들을 받아들여 군대
지휘관을 삼았더라
19 다윗이 전에 블레셋 사람들과 함
께 가서 사울을 치려 할 때에 므낫
세 지파에서 두어 사람이 다윗에게
돌아왔으나 다윗 등이 블레셋 사람
들을 돕지 못하였음은 블레셋 사람
들의 방백이 서로 의논하고 보내며
이르기를 그가 그의 왕 사울에게로
돌아가리니 우리 머리가 위태할까
하노라 함이라
20 다윗이 시글락으로 갈 때에 므낫세
지파에서 그에게로 돌아온 자는 아
드나와 요사밧과 여디아엘과 미가
엘과 요사밧과 엘리후와 실르대이
니 다 므낫세의 천부장이라
21 이 무리가 다윗을 도와 도둑 떼를
쳤으니 그들은 다 큰 용사요 군대
지휘관이 됨이었더라
22 그 때에 사람이 날마다 다윗에게로
돌아와서 돕고자 하매 큰 군대를
이루어 하나님의 군대와 같았더라
23 싸움을 준비한 군대 지휘관들이 헤
브론에 이르러 다윗에게로 나아와
서 야훼의 말씀대로 사울의 나라를
그에게 돌리고자 하였으니 그 수효
가 이러하였더라

기록일 : . . .

24

25

26

27

28

29

30

31

32

33

34

35

36

37

38

39

40

13

2

기록일 : . . .

린 성읍에 사는 제사장과 레위 사
람에게 전령을 보내 그들을 우리에
게로 모이게 하고
3 우리가 우리 하나님의 궤를 우리에
게로 옮겨오자 사울 때에는 우리
가 궤 앞에서 묻지 아니하였느니라
하매
4 뭇 백성의 눈이 이 일을 좋게 여기
므로 온 회중이 그대로 행하겠다
한지라
5 이에 다윗이 애굽의 시홀 시내에서
부터 하맛 어귀까지 온 이스라엘을
불러모으고 기럇여아림에서부터 하
나님의 궤를 메어오고자 할새
6 다윗이 온 이스라엘을 거느리고 바
알라 곧 유다에 속한 기럇여아림에
올라가서 야훼 하나님의 궤를 메어
오려 하니 이는 야훼께서 두 그룹
사이에 계시므로 그러한 이름으로
일컬음을 받았더라
7 하나님의 궤를 새 수레에 싣고 아
비나답의 집에서 나오는데 웃사와
아히오는 수레를 몰며
8 다윗과 이스라엘 온 무리는 하나님
앞에서 힘을 다하여 뛰놀며 노래하
며 수금과 비파와 소고와 제금과
나팔로 연주하니라
9 기돈의 타작 마당에 이르러서는 소
들이 뛰므로 웃사가 손을 펴서 궤
를 붙들었더니
10 웃사가 손을 펴서 궤를 붙듦으로
말미암아 야훼께서 진노하사 치시
매 그가 거기 하나님 앞에서 죽으
니라
11 야훼께서 웃사의 몸을 찢으셨으므
로 다윗이 노하여 그 곳을 베레스
웃사라 부르니 그 이름이 오늘까지
이르니라
12 그 날에 다윗이 하나님을 두려워
하여 이르되 내가 어떻게 하나님의
궤를 내 곳으로 오게 하리요 하고
13 다윗이 궤를 옮겨 자기가 있는 다
윗 성으로 메어들이지 못하고 그
대신 가드 사람 오벧에돔의 집으로
메어가니라
14 하나님의 궤가 오벧에돔의 집에서
그의 가족과 함께 석 달을 있으니
라 야훼께서 오벧에돔의 집과 그의
모든 소유에 복을 내리셨더라

14

두로 왕 히람이 다윗에게 사신들
과 백향목과 석수와 목수를 보내
그의 궁전을 건축하게 하였더라
2 다윗이 야훼께서 자기를 이스라엘
의 왕으로 삼으신 줄을 깨달았으니
이는 그의 백성 이스라엘을 위하여
그의 나라가 높이 들림을 받았음을
앎이었더라
3 다윗이 예루살렘에서 또 아내들을
맞아 다윗이 다시 아들들과 딸들을
낳았으니

기록일 : . . .

4 예루살렘에서 낳은 아들들의 이름은
삼무아와 소밥과 나단과 솔로몬과
5 입할과 엘리수아와 엘벨렛과
6 노가와 네벡과 야비아와
7 엘리사마와 브엘랴다와 엘리벨렛이
었더라
8 다윗이 기름 부음을 받아 온 이스
라엘의 왕이 되었다 함을 블레셋
사람들이 듣고 모든 블레셋 사람들
이 다윗을 찾으러 올라오매 다윗이
듣고 대항하러 나갔으나
9 블레셋 사람들이 이미 이르러 르바
임 골짜기로 쳐들어온지라
10 다윗이 하나님께 물어 이르되 내가
블레셋 사람들을 치러 올라가리이
까 주께서 그들을 내 손에 넘기시
겠나이까 하니 야훼께서 그에게 이
르시되 올라가라 내가 그들을 네
손에 넘기리라 하신지라
11 이에 무리가 바알브라심으로 올라
갔더니 다윗이 거기서 그들을 치고
다윗이 이르되 하나님이 물을 쪼갬
같이 내 손으로 내 대적을 흩으셨
다 하므로 그 곳 이름을 바알브라
심이라 부르니라
12 블레셋 사람이 그들의 우상을 그
곳에 버렸으므로 다윗이 명령하여
불에 사르니라
13 블레셋 사람들이 다시 골짜기를 침
범한지라
14 다윗이 또 하나님께 묻자온대 하나
님이 이르시되 마주 올라가지 말고
그들 뒤로 돌아 뽕나무 수풀 맞은
편에서 그들을 기습하되
15 뽕나무 꼭대기에서 걸음 걷는 소리
가 들리거든 곧 나가서 싸우라 너보
다 하나님이 앞서 나아가서 블레셋
사람들의 군대를 치리라 하신지라
16 이에 다윗이 하나님의 명령대로 행
하여 블레셋 사람들의 군대를 쳐
서 기브온에서부터 게셀까지 이르
렀더니
17 다윗의 명성이 온 세상에 퍼졌고
야훼께서 모든 이방 민족으로 그를
두려워하게 하셨더라

15 다윗이 다윗 성에서 자기를 위하
여 궁전을 세우고 또 하나님의 궤
를 둘 곳을 마련하고 그것을 위하
여 장막을 치고
2 다윗이 이르되 레위 사람 외에는
하나님의 궤를 멜 수 없나니 이는
야훼께서 그들을 택하사 야훼의 궤
를 메고 영원히 그를 섬기게 하셨
음이라 하고
3 다윗이 이스라엘 온 무리를 예루살
렘으로 모으고 야훼의 궤를 그 마
련한 곳으로 메어 올리고자 하여
4 다윗이 아론 자손과 레위 사람을
모으니
5 그핫 자손 중에 지도자 우리엘과

기록일 : . . .

그의 형제가 백이십 명이요
6 므라리 자손 중에 지도자 아사야와
그의 형제가 이백이십 명이요
7 게르솜 자손 중에 지도자 요엘과
그의 형제가 백삼십 명이요
8 엘리사반 자손 중에 지도자 스마야
와 그의 형제가 이백 명이요
9 헤브론 자손 중에 지도자 엘리엘과
그의 형제가 팔십 명이요
10 웃시엘 자손 중에 지도자 암미나답
과 그의 형제가 백십이 명이라
11 다윗이 제사장 사독과 아비아달을
부르고 또 레위 사람 우리엘과 아
사야와 요엘과 스마야와 엘리엘과
암미나답을 불러
12 그들에게 이르되 너희는 레위 사람
의 지도자이니 너희와 너희 형제는
몸을 성결하게 하고 내가 마련한
곳으로 이스라엘의 하나님 야훼의
궤를 메어 올리라
13 전에는 너희가 메지 아니하였으므
로 우리 하나님 야훼께서 우리를 찢
으셨으니 이는 우리가 규례대로 그
에게 구하지 아니하였음이라 하니
14 이에 제사장들과 레위 사람들이 이
스라엘 하나님 야훼의 궤를 메고
올라가려 하여 몸을 성결하게 하고
15 모세가 야훼의 말씀을 따라 명령한
대로 레위 자손이 채에 하나님의
궤를 꿰어 어깨에 메니라

16 다윗이 레위 사람의 어른들에게 명
령하여 그의 형제들을 노래하는 자
들로 세우고 비파와 수금과 제금
등의 악기를 울려서 즐거운 소리를
크게 내라 하매
17 레위 사람이 요엘의 아들 헤만과
그의 형제 중 베레야의 아들 아삽
과 그의 형제 므라리 자손 중에 구
사야의 아들 에단을 세우고
18 그 다음으로 그들의 형제 스가랴와
벤과 야아시엘과 스미라못과 여히
엘과 운니와 엘리압과 브나야와 마
아세야와 맛디디야와 엘리블레후와
믹네야와 문지기 오벧에돔과 여이
엘을 세우니
19 노래하는 자 헤만과 아삽과 에단은
놋제금을 크게 치는 자요
20 스가랴와 아시엘과 스미라못과 여
히엘과 운니와 엘리압과 마아세야
와 브나야는 비파를 타서 알라못에
맞추는 자요
21 맛디디야와 엘리블레후와 믹네야
와 오벧에돔과 여이엘과 아사시야
는 수금을 타서 여덟째 음에 맞추
어 인도하는 자요
22 레위 사람의 지도자 그나냐는 노
래에 익숙하므로 노래를 인도하는
자요
23 베레갸와 엘가나는 궤 앞에서 문을
지키는 자요

24 제사장 스바냐와 요사밧과 느다넬
과 아미새와 스가랴와 브나야와 엘
리에셀은 하나님의 궤 앞에서 나팔
을 부는 자요 오벧에돔과 여히야는
궤 앞에서 문을 지키는 자이더라
25 이에 다윗과 이스라엘 장로들과 천
부장들이 가서 여호와의 언약궤를 즐
거이 메고 오벧에돔의 집에서 올라
왔는데
26 하나님이 여호와의 언약궤를 멘 레위
사람을 도우셨으므로 무리가 수송
아지 일곱과 숫양 일곱으로 제사를
드렸더라
27 다윗과 및 궤를 멘 레위 사람과 노
래하는 자와 그의 우두머리 그나냐
와 모든 노래하는 자도 다 세마포
겉옷을 입었으며 다윗은 또 베 에
봇을 입었고
28 이스라엘 무리는 크게 부르며 뿔나
팔과 나팔을 불며 제금을 치며 비
파와 수금을 힘있게 타며 여호와의
언약궤를 메어 올렸더라
29 여호와의 언약궤가 다윗 성으로 들어
올 때에 사울의 딸 미갈이 창에서
내다보다가 다윗 왕이 춤추며 뛰노
는 것을 보고 그 마음에 업신여겼
더라

16 하나님의 궤를 메고 들어가서 다
윗이 그것을 위하여 친 장막 가운
데에 두고 번제와 화목제를 하나님
께 드리니라
2 다윗이 번제와 화목제 드리기를 마
치고 여호와의 이름으로 백성에게 축
복하고
3 이스라엘 무리 중 남녀를 막론하
고 각 사람에게 떡 한 덩이와 야자
열매로 만든 과자와 건포도로 만든
과자 한 덩이씩을 나누어 주었더라
4 또 레위 사람을 세워 여호와의 궤 앞
에서 섬기며 이스라엘의 하나님 여호
와를 칭송하고 감사하며 찬양하게 하
였으니
5 아삽은 우두머리요 그 다음은 스
가랴와 여이엘과 스미라못과 여히
엘과 맛디디아와 엘리압과 브나야
와 오벧에돔과 여이엘이라 비파와
수금을 타고 아삽은 제금을 힘있게
치고
6 제사장 브나야와 야하시엘은 항상
하나님의 언약궤 앞에서 나팔을 불
니라
7 그 날에 다윗이 아삽과 그의 형제
를 세워 먼저 여호와께 감사하게 하
여 이르기를
8 너희는 여호와께 감사하며 그의 이름
을 불러 아뢰며 그가 행하신 일을
만민 중에 알릴지어다
9 그에게 노래하며 그를 찬양하고 그
의 모든 기사를 전할지어다
10 그의 성호를 자랑하라 여호와를 구하

기록일 : . . .

는 자마다 마음이 즐거울지로다
11 여호와와 그의 능력을 구할지어다 항
상 그의 얼굴을 찾을지어다
12 그의 종 이스라엘의 후손 곧 택하
~
13 신 야곱의 자손 너희는 그의 행하
신 기사와 그의 이적과 그의 입의
법도를 기억할지어다
14 그는 여호와 우리 하나님이시라 그의
법도가 온 땅에 있도다
15 너희는 그의 언약 곧 천 대에 명령
하신 말씀을 영원히 기억할지어다
16 이것은 아브라함에게 하신 언약이
며 이삭에게 하신 맹세이며
17 이는 야곱에게 세우신 율례 곧 이
스라엘에게 하신 영원한 언약이라
18 이르시기를 내가 가나안 땅을 네게
주어 너희 기업의 지경이 되게 하리
라 하셨도다
19 그 때에 너희 사람 수가 적어서 보
잘것없으며 그 땅에 객이 되어
20 이 민족에게서 저 민족에게로, 이
나라에서 다른 백성에게로 유랑하
였도다
21 여호와께서는 사람이 그들을 해하기
를 용납하지 아니하시고 그들 때문
에 왕들을 꾸짖어
22 이르시기를 나의 기름 부은 자에게
손을 대지 말며 나의 선지자를 해
하지 말라 하셨도다
23 온 땅이여 여호와께 노래하며 그의
구원을 날마다 선포할지어다
24 그의 영광을 모든 민족 중에, 그의
기이한 행적을 만민 중에 선포할지
어다
25 여호와는 위대하시니 극진히 찬양할
것이요 모든 신보다 경외할 것임
이여
26 만국의 모든 신은 헛것이나 여호와께
서는 하늘을 지으셨도다
27 존귀와 위엄이 그의 앞에 있으며 능
력과 즐거움이 그의 처소에 있도다
28 여러 나라의 종족들아 영광과 권능
을 여호와께 돌릴지어다 여호와께 돌릴
지어다
29 여호와의 이름에 합당한 영광을 그에
게 돌릴지어다 제물을 들고 그 앞
에 들어갈지어다 아름답고 거룩한
것으로 여호와께 경배할지어다
30 온 땅이여 그 앞에서 떨지어다 세
계가 굳게 서고 흔들리지 아니하는
도다
31 하늘은 기뻐하고 땅은 즐거워하며
모든 나라 중에서는 이르기를 여호와
께서 통치하신다 할지로다
32 바다와 거기 충만한 것이 외치며 밭
과 그 가운데 모든 것은 즐거워할
지로다
33 그리 할 때에 숲 속의 나무들이 여
호와 앞에서 즐거이 노래하리니 주께
서 땅을 심판하러 오실 것임이로다

기록일 : . . .

34 야훼께 감사하라 그는 선하시며 그
의 인자하심이 영원함이로다
35 너희는 이르기를 우리 구원의 하나
님이여 우리를 구원하여 만국 가운
데에서 건져내시고 모으사 우리로
주의 거룩한 이름을 감사하며 주의
영광을 드높이게 하소서 할지어다
36 야훼 이스라엘의 하나님을 영원부
터 영원까지 송축할지로다 하매 모
든 백성이 아멘 하고 야훼를 찬양
하였더라
37 다윗이 아삽과 그의 형제를 야훼의
언약궤 앞에 있게 하며 항상 그 궤
앞에서 섬기게 하되 날마다 그 일
대로 하게 하였고
38 오벧에돔과 그의 형제 육십팔 명과
여두둔의 아들 오벧에돔과 호사를
문지기로 삼았고
39 제사장 사독과 그의 형제 제사장들
에게 기브온 산당에서 야훼의 성막
앞에 모시게 하여
40 항상 아침 저녁으로 번제단 위에
야훼께 번제를 드리되 야훼의 율법
에 기록하여 이스라엘에게 명령하
신 대로 다 준행하게 하였고
41 또 야훼의 인자하심이 영원하시므
로 그들과 함께 헤만과 여두둔과
그리고 택함을 받아 지명된 나머지
사람을 세워 감사하게 하였고
42 또 그들과 함께 헤만과 여두둔을
세워 나팔과 제금들과 하나님을 찬
송하는 악기로 소리를 크게 내게
하였고 또 여두둔의 아들에게 문을
지키게 하였더라
43 이에 뭇 백성은 각각 그 집으로 돌
아가고 다윗도 자기 집을 위하여
축복하려고 돌아갔더라

17 다윗이 그의 궁전에 거주할 때에
다윗이 선지자 나단에게 이르되 나
는 백향목 궁에 거주하거늘 야훼의
언약궤는 휘장 아래에 있도다
2 나단이 다윗에게 아뢰되 하나님이
왕과 함께 계시니 마음에 있는 바
를 모두 행하소서
3 그 밤에 하나님의 말씀이 나단에게
임하여 이르시되
4 가서 내 종 다윗에게 말하기를 야
훼의 말씀이 너는 내가 거할 집을
건축하지 말라
5 내가 이스라엘을 애굽에서 올라오
게 한 날부터 오늘까지 집에 있지
아니하고 오직 이 장막과 저 장막
에 있으며 이 성막과 저 성막에 있
었나니
6 이스라엘 무리와 더불어 가는 모
든 곳에서 내가 내 백성을 먹이라
고 명령한 이스라엘 어느 사사에게
내가 말하기를 너희가 어찌하여 내
백향목 집을 건축하지 아니하였느
냐고 말하였느냐 하고

기록일 : . . .

7 또한 내 종 다윗에게 이처럼 말하
라 만군의 야훼께서 이처럼 말씀하
시기를 내가 너를 목장 곧 양 떼를
따라다니던 데에서 데려다가 내 백
성 이스라엘의 주권자로 삼고
8 네가 어디로 가든지 내가 너와 함
께 있어 네 모든 대적을 네 앞에서
멸하였은즉 세상에서 존귀한 자들
의 이름 같은 이름을 네게 만들어
주리라
9 내가 또 내 백성 이스라엘을 위하
여 한 곳을 정하여 그들을 심고 그
들이 그 곳에 거주하면서 다시는
옮겨가지 아니하게 하며 악한 사람
들에게 전과 같이 그들을 해치지
못하게 하여
10 전에 내가 사사에게 명령하여 내
백성 이스라엘을 다스리던 때와 같
지 아니하게 하고 또 네 모든 대적
으로 네게 복종하게 하리라 또 네
게 이르노니 야훼가 너를 위하여
한 왕조를 세울지라
11 네 생명의 연한이 차서 네가 조상
들에게로 돌아가면 내가 네 뒤에
네 씨 곧 네 아들 중 하나를 세우
고 그 나라를 견고하게 하리니
12 그는 나를 위하여 집을 건축할 것
이요 나는 그의 왕위를 영원히 견
고하게 하리라
13 나는 그의 아버지가 되고 그는 나
의 아들이 되리니 나의 인자를 그
에게서 빼앗지 아니하기를 내가 네
전에 있던 자에게서 빼앗음과 같이
하지 아니할 것이며
14 내가 영원히 그를 내 집과 내 나라
에 세우리니 그의 왕위가 영원히
견고하리라 하셨다 하라
15 나단이 이 모든 말씀과 이 모든 계
시대로 다윗에게 전하니라
16 다윗 왕이 야훼 앞에 들어가 앉아
서 이르되 야훼 하나님이여 나는
누구이오며 내 집은 무엇이기에 나
에게 이에 이르게 하셨나이까
17 하나님이여 주께서 이것을 오히려
작게 여기시고 또 종의 집에 대하
여 먼 장래까지 말씀하셨사오니 야
훼 하나님이여 나를 존귀한 자들
같이 여기셨나이다
18 주께서 주의 종에게 베푸신 영예에
대하여 이 다윗이 다시 주께 무슨
말을 하오리이까 주께서는 주의 종
을 아시나이다
19 야훼여 주께서 주의 종을 위하여 주
의 뜻대로 이 모든 큰 일을 행하사
이 모든 큰 일을 알게 하셨나이다
20 야훼여 우리 귀로 들은 대로는 주
와 같은 이가 없고 주 외에는 하나
님이 없나이다
21 땅의 어느 한 나라가 주의 백성 이
스라엘과 같으리이까 하나님이 자

기 백성을 구속하시려고 나가사 크
고 두려운 일로 말미암아 이름을
얻으시고 애굽에서 구속하신 자기
백성 앞에서 모든 민족을 쫓아내셨
사오며
22 주께서 주의 백성 이스라엘을 영원
히 주의 백성으로 삼으셨사오니 여
호와여 주께서 그들의 하나님이 되셨
나이다
23 여호와여 이제 주의 종과 그의 집에
대하여 말씀하신 것을 영원히 견고
하게 하시며 말씀하신 대로 행하사
24 견고하게 하시고 사람들이 영원히
주의 이름을 높여 이르기를 만군의
여호와는 이스라엘의 하나님 곧 이스
라엘에게 하나님이시라 하게 하시며
주의 종 다윗의 왕조가 주 앞에
서 견고히 서게 하옵소서
25 나의 하나님이여 주께서 종을 위하
여 왕조를 세우실 것을 이미 듣게
하셨으므로 주의 종이 주 앞에서 이
기도로 간구할 마음이 생겼나이다
26 여호와여 오직 주는 하나님이시라 주
께서 이 좋은 것으로 주의 종에게
허락하시고
27 이제 주께서 종의 왕조에 복을 주
사 주 앞에 영원히 두시기를 기뻐
하시나이다 여호와여 주께서 복을 주
셨사오니 이 복을 영원히 누리리이
다 하니라

18

그 후에 다윗이 블레셋 사람들을
쳐서 항복을 받고 블레셋 사람들의
손에서 가드와 그 동네를 빼앗고
2 또 모압을 치매 모압 사람이 다윗
의 종이 되어 조공을 바치니라
3 소바 왕 하닷에셀이 유브라데 강
가에서 자기 세력을 펴고자 하매
다윗이 그를 쳐서 하맛까지 이르고
4 다윗이 그에게서 병거 천 대와 기병
칠천 명과 보병 이만 명을 빼앗고
다윗이 그 병거 백 대의 말들만 남
기고 그 외의 병거의 말은 다 발의
힘줄을 끊었더니
5 다메섹 아람 사람이 소바 왕 하닷
에셀을 도우러 온지라 다윗이 아람
사람 이만 이천 명을 죽이고
6 다윗이 다메섹 아람에 수비대를 두
매 아람 사람이 다윗의 종이 되어
조공을 바치니라 다윗이 어디로 가
든지 여호와께서 이기게 하시니라
7 다윗이 하닷에셀의 신하들이 가진
금 방패를 빼앗아 예루살렘으로 가
져오고
8 또 하닷에셀의 성읍 디브핫과 군에
서 심히 많은 놋을 빼앗았더니 솔
로몬이 그것으로 놋대야와 기둥과
놋그릇들을 만들었더라
9 하맛 왕 도우가 다윗이 소바 왕 하
닷에셀의 온 군대를 쳐서 무찔렀다
함을 듣고

기록일 : . . .

10 그의 아들 하도람을 보내서 다윗
왕에게 문안하고 축복하게 하니 이
는 하닷에셀이 벌써 도우와 맞서
여러 번 전쟁이 있던 터에 다윗이
하닷에셀을 쳐서 무찔렀음이라 하
도람이 금과 은과 놋의 여러 가지
그릇을 가져온지라
11 다윗 왕이 그것도 야훼께 드리되
에돔과 모압과 암몬 자손과 블레
셋 사람들과 아말렉 등 모든 이방
민족에게서 빼앗아 온 은금과 함께
하여 드리니라
12 스루야의 아들 아비새가 소금 골짜
기에서 에돔 사람 만 팔천 명을 쳐
죽인지라
13 다윗이 에돔에 수비대를 두매 에돔
사람이 다 다윗의 종이 되니라 다
윗이 어디로 가든지 야훼께서 이기
게 하셨더라
14 다윗이 온 이스라엘을 다스려 모든
백성에게 정의와 공의를 행할새
15 스루야의 아들 요압은 군대사령관
이 되고 아힐룻의 아들 여호사밧은
행정장관이 되고
16 아히둡의 아들 사독과 아비아달의
아들 아비멜렉은 제사장이 되고 사
워사는 서기관이 되고
17 여호야다의 아들 브나야는 그렛 사
람과 블렛 사람을 다스리고 다윗의
아들들은 왕을 모시는 사람들의 우
두머리가 되니라

19 그 후에 암몬 자손의 왕 나하스가
죽고 그의 아들이 대신하여 왕이
되니
2 다윗이 이르되 하눈의 아버지 나하
스가 전에 내게 호의를 베풀었으니
이제 내가 그의 아들 하눈에게 호
의를 베풀리라 하고 사절들을 보
내서 그의 아버지 죽음을 문상하게
하니라 다윗의 신하들이 암몬 자손
의 땅에 이르러 하눈에게 나아가
문상하매
3 암몬 자손의 방백들이 하눈에게 말
하되 왕은 다윗이 조문사절을 보낸
것이 왕의 부친을 존경함인 줄로 여
기시나이까 그의 신하들이 왕에게
나아온 것이 이 땅을 엿보고 정탐
하여 전복시키고자 함이 아니니이
까 하는지라
4 하눈이 이에 다윗의 신하들을 잡아
그들의 수염을 깎고 그 의복을 볼
기 중간까지 자르고 돌려보내매
5 어떤 사람이 다윗에게 가서 그 사
람들이 당한 일을 말하니라 그 사
람들이 심히 부끄러워하므로 다윗
이 그들을 맞으러 보내 왕이 이르
기를 너희는 수염이 자라기까지 여
리고에 머물다가 돌아오라 하니라
6 암몬 자손이 자기가 다윗에게 밉게
한 줄 안지라 하눈과 암몬 자손은

더불어 온 천 달란트를 아람 나하
라임과 아람마아가와 소바에 보내
병거와 마병을 삯 내되
7 곧 병거 삼만 이천 대와 마아가 왕
과 그의 군대를 고용하였더니 그들
이 와서 메드바 앞에 진 치매 암몬
자손이 그 모든 성읍으로부터 모여
와서 싸우려 한지라
8 다윗이 듣고 요압과 용사의 온 무
리를 보냈더니
9 암몬 자손은 나가서 성문 앞에 진
을 치고 도우러 온 여러 왕은 따로
들에 있더라
10 요압이 앞 뒤에 친 적진을 보고 이
스라엘에서 뽑은 자 중에서 또 뽑
아 아람 사람을 대하여 진을 치고
11 그 남은 무리는 그의 아우 아비새
의 수하에 맡겨 암몬 자손을 대하
여 진을 치게 하고
12 이르되 만일 아람 사람이 나보다
강하면 네가 나를 돕고 만일 암몬
자손이 너보다 강하면 내가 너를
도우리라
13 너는 힘을 내라 우리가 우리 백성
과 우리 하나님의 성읍들을 위하여
힘을 내자 야훼께서 선히 여기시는
대로 행하시기를 원하노라 하고
14 요압과 그 추종자가 싸우려고 아람
사람 앞에 나아가니 그들이 그 앞
에서 도망하고
15 암몬 자손은 아람 사람이 도망함을
보고 그들도 요압의 아우 아비새
앞에서 도망하여 성읍으로 들어간
지라 이에 요압이 예루살렘으로 돌
아오니라
16 아람 사람이 자기가 이스라엘 앞
에서 패하였음을 보고 사신을 보내
강 건너편에 있는 아람 사람을 불
러내니 하닷에셀의 군대사령관 소
박이 그들을 거느린지라
17 어떤 사람이 다윗에게 전하매 다윗
이 온 이스라엘을 모으고 요단을
건너 아람 사람에게 이르러 그들
을 향하여 진을 치니라 다윗이 아
람 사람을 향하여 진을 치매 그들
이 다윗과 맞서 싸우더니
18 아람 사람이 이스라엘 앞에서 도망
한지라 다윗이 아람 병거 칠천 대의
군사와 보병 사만 명을 죽이고 또
군대 지휘관 소박을 죽이매
19 하닷에셀의 부하들이 자기가 이스
라엘 앞에서 패하였음을 보고 다윗
과 더불어 화친하여 섬기고 그 후
로는 아람 사람이 암몬 자손 돕기
를 원하지 아니하였더라

20 해가 바뀌어 왕들이 출전할 때가
되매 요압이 그 군대를 거느리고
나가서 암몬 자손의 땅을 격파하고
들어가 랍바를 에워싸고 다윗은 예
루살렘에 그대로 있더니 요압이 랍

기록일 : . . .

바를 쳐서 함락시키매
2 다윗이 그 왕의 머리에서 보석 있는
왕관을 빼앗아 중량을 달아보니 금
한 달란트라 그들의 왕관을 자기
머리에 쓰니라 다윗이 또 그 성에서
노략한 물건을 무수히 내오고
3 그 가운데 백성을 끌어내어 톱과
쇠도끼와 돌써래로 일하게 하니라
다윗이 암몬 자손의 모든 성읍을
이같이 하고 다윗이 모든 백성과
함께 예루살렘으로 돌아오니라
4 이 후에 블레셋 사람들과 게셀에서
전쟁할 때에 후사 사람 십브개가
키가 큰 자의 아들 중에 십배를 쳐
죽이매 그들이 항복하였더라
5 다시 블레셋 사람들과 전쟁할 때에
야일의 아들 엘하난이 가드 사람
골리앗의 아우 라흐미를 죽였는데
이 사람의 창자루는 베틀채 같았
더라
6 또 가드에서 전쟁할 때에 그 곳에
키 큰 자 하나는 손과 발에 가락이
여섯씩 모두 스물넷이 있는데 그도
키가 큰 자의 소생이라
7 그가 이스라엘을 능욕하므로 다윗
의 형 시므아의 아들 요나단이 그
를 죽이니라
8 가드의 키 큰 자의 소생이라도 다
윗의 손과 그 신하의 손에 다 죽었
더라

21 사탄이 일어나 이스라엘을 대적
하고 다윗을 충동하여 이스라엘을
계수하게 하니라
2 다윗이 요압과 백성의 지도자들에
게 이르되 너희는 가서 브엘세바에
서부터 단까지 이스라엘을 계수하
고 돌아와 내게 보고하여 그 수효
를 알게 하라 하니
3 요압이 아뢰되 야훼께서 그 백성을
지금보다 백 배나 더하시기를 원하
나이다 내 주 왕이여 이 백성이 다
내 주의 종이 아니니이까 내 주께
서 어찌하여 이 일을 명령하시나이
까 어찌하여 이스라엘이 범죄하게
하시나이까 하나
4 왕의 명령이 요압을 재촉한지라 드
디어 요압이 떠나 이스라엘 땅에 두
루 다닌 후에 예루살렘으로 돌아와
5 요압이 백성의 수효를 다윗에게 보
고하니 이스라엘 중에 칼을 뺄 만한
자가 백십만 명이요 유다 중에 칼을
뺄 만한 자가 사십칠만 명이라
6 요압이 왕의 명령을 마땅치 않게
여겨 레위와 베냐민 사람은 계수하
지 아니하였더라
7 하나님이 이 일을 악하게 여기사 이
스라엘을 치시매
8 다윗이 하나님께 아뢰되 내가 이
일을 행함으로 큰 죄를 범하였나이
다 이제 간구하옵나니 종의 죄를

9

10

11

12

13

14

15

16

17

18

19

20

기록일 : . . .

21 다윗이 오르난에게 나아가매 오르
난이 내다보다가 다윗을 보고 타작
마당에서 나와 얼굴을 땅에 대고
다윗에게 절하매
22 다윗이 오르난에게 이르되 이 타작
하는 곳을 내게 넘기라 너는 상당
한 값으로 내게 넘기라 내가 야훼
를 위하여 여기 한 제단을 쌓으리
니 그리하면 전염병이 백성 중에서
그치리라 하니
23 오르난이 다윗에게 말하되 왕은 취
하소서 내 주 왕께서 좋게 여기시
는 대로 행하소서 보소서 내가 이
것들을 드리나이다 소들은 번제물
로, 곡식 떠는 기계는 화목으로, 밀
은 소제물로 삼으시기 위하여 다
드리나이다 하는지라
24 다윗 왕이 오르난에게 이르되 그
렇지 아니하다 내가 반드시 상당한
값으로 사리라 내가 야훼께 드리
려고 네 물건을 빼앗지 아니하겠고
값 없이는 번제를 드리지도 아니하
리라 하니라
25 그리하여 다윗은 그 터 값으로 금
육백 세겔을 달아 오르난에게 주고
26 다윗이 거기서 야훼를 위하여 제단
을 쌓고 번제와 화목제를 드려 야
훼께 아뢰었더니 야훼께서 하늘에
서부터 번제단 위에 불을 내려 응
답하시고
27 야훼께서 천사를 명령하시매 그가
칼을 칼집에 꽂았더라
28 이 때에 다윗이 야훼께서 여부스 사
람 오르난의 타작 마당에서 응답하
심을 보고 거기서 제사를 드렸으니
29 옛적에 모세가 광야에서 지은 야훼
의 성막과 번제단이 그 때에 기브
온 산당에 있었으나
30 다윗이 야훼의 천사의 칼을 두려워
하여 감히 그 앞에 가서 하나님께
묻지 못하더라

22

다윗이 이르되 이는 야훼 하나님
의 성전이요 이는 이스라엘의 번제
단이라 하였더라
2 다윗이 명령하여 이스라엘 땅에 거
류하는 이방 사람을 모으고 석수를
시켜 하나님의 성전을 건축할 돌을
다듬게 하고
3 다윗이 또 문짝 못과 거멀 못에 쓸
철을 많이 준비하고 또 무게를 달
수 없을 만큼 심히 많은 놋을 준비
하고
4 또 백향목을 무수히 준비하였으니
이는 시돈 사람과 두로 사람이 백
향목을 다윗에게로 많이 수운하여
왔음이라
5 다윗이 이르되 내 아들 솔로몬은
어리고 미숙하고 야훼를 위하여 건
축할 성전은 극히 웅장하여 만국에
명성과 영광이 있게 하여야 할지라

기록일 : . . .

그러므로 내가 이제 그것을 위하여
준비하리라 하고 다윗이 죽기 전에
많이 준비하였더라
6 다윗이 그의 아들 솔로몬을 불러
이스라엘 하나님 야훼를 위하여 성
전 건축하기를 부탁하여
7 다윗이 솔로몬에게 이르되 내 아
들아 나는 내 하나님 야훼의 이름을
위하여 성전을 건축할 마음이 있었
으나
8 야훼의 말씀이 내게 임하여 이르시
되 너는 피를 심히 많이 흘렸고 크
게 전쟁하였느니라 너는 내 앞에서
땅에 피를 많이 흘렸은즉 내 이름을
위하여 성전을 건축하지 못하리라
9 보라 한 아들이 네게서 나리니 그
는 온순한 사람이라 내가 그로 주
변 모든 대적에게서 평온하게
하리라 그의 이름을 솔로몬이라 하
리니 이는 내가 그의 생전에 평안
과 안일함을 이스라엘에게 줄 것임
이니라
10 그가 내 이름을 위하여 성전을 건
축할지라 그는 내 아들이 되고 나
는 그의 아버지가 되어 그 나라 왕
위를 이스라엘 위에 굳게 세워 영
원까지 이르게 하리라 하셨나니
11 이제 내 아들아 야훼께서 너와 함
께 계시기를 원하며 네가 형통하여
야훼께서 네게 대하여 말씀하신 대
로 네 하나님 야훼의 성전을 건축
하며
12 야훼께서 네게 지혜와 총명을 주사
네게 이스라엘을 다스리게 하시고
네 하나님 야훼의 율법을 지키게
하시기를 더욱 원하노라
13 그 때에 네가 만일 야훼께서 모세에게
명하사 이스라엘에게 이르신
율례와 법도를 삼가 행하면
형통하리니 너는 강하고 담대하여
두려워하지 말고 놀라지 말지어다
14 내가 환난 중에 야훼의 성전을 위
하여 금 십만 달란트와 은 백만 달
란트와 놋과 철을 그 무게를 달 수
없을 만큼 심히 많이 준비하였고 또
재목과 돌을 준비하였으나 너는 더
할 것이며
15 또 장인이 네게 많이 있으니 곧
석수와 목수와 온갖 일에 익숙한 모
든 사람이니라
16 금과 은과 놋과 철이 무수하니 너
는 일어나 일하라 야훼께서 너와
함께 계시기를 원하노라
17 다윗이 또 이스라엘 모든 방백에게
명령하여 그의 아들 솔로몬을 도우
라 하여 이르되
18 너희 하나님 야훼께서 너희와 함께
계시지 아니하시느냐 사면으로 너
희에게 평온함을 주지 아니하셨느
냐 이 땅 주민을 내 손에 넘기사 이

기록일 : . . .

땅으로 야훼와 그의 백성 앞에 복
종하게 하셨나니
19 이제 너희는 마음과 뜻을 바쳐서
너희 하나님 야훼를 구하라 그리고
일어나서 야훼 하나님의 성전을 건
축하고 야훼의 언약궤와 하나님 성
전의 기물을 가져다가 야훼의 이
름을 위하여 건축한 성전에 들이게
하라 하였더라

23

다윗이 나이가 많아 늙으매 아들
솔로몬을 이스라엘 왕으로 삼고
2 이스라엘 모든 방백과 제사장과 레
위 사람을 모았더라
3 레위 사람은 삼십 세 이상으로 계
수하니 모든 남자의 수가 삼만 팔
천 명인데
4 그 중의 이만 사천 명은 야훼의 성
전의 일을 보살피는 자요 육천 명
은 관원과 재판관이요
5 사천 명은 문지기요 사천 명은 그가
야훼께 찬송을 드리기 위하여 만든
악기로 찬송하는 자들이라
6 다윗이 레위의 아들들을 게르손과
그핫과 므라리에 따라 각 반으로
나누었더라
7 게르손 자손은 라단과 시므이라
8 라단의 아들들은 우두머리 여히엘
과 또 세담과 요엘 세 사람이요
9 시므이의 아들들은 슬로밋과 하시
엘과 하란 세 사람이니 이는 라단
의 우두머리들이며
10 또 시므이의 아들들은 야핫과 시나
와 여우스와 브리아이니 이 네 사
람도 시므이의 아들이라
11 그 우두머리는 야핫이요 그 다음은
시사며 여우스와 브리아는 아들이
많지 아니하므로 그들과 한 조상의
가문으로 계수되었더라
12 그핫의 아들들은 아므람과 이스할
과 헤브론과 웃시엘 네 사람이라
13 아므람의 아들들은 아론과 모세이
니 아론은 그 자손들과 함께 구별
되어 몸을 성결하게 하여 영원토록
심히 거룩한 자가 되어 야훼 앞에
분향하고 섬기며 영원토록 그 이름
으로 축복하게 되었느니라
14 하나님의 사람 모세의 아들들은 레
위 지파 중에 기록되었으니
15 모세의 아들들은 게르솜과 엘리에셀
이라
16 게르솜의 아들중에 스브엘이 우두
머리가 되었고
17 엘리에셀의 아들들은 우두머리 르
하뱌라 엘리에셀에게 이 외에는 다
른 아들이 없고 르하뱌의 아들들은
심히 많았으며
18 이스할의 아들들은 우두머리 슬로
밋이요
19 헤브론의 아들들은 우두머리 여리
야와 둘째 아마랴와 셋째 야하시엘

기록일 : . . .

과 넷째 여가므암이더라
20 웃시엘의 아들들은 우두머리 미가
와 그 다음 잇시야더라
21 므라리의 아들들은 마흘리와 무시
요 마흘리의 아들들은 엘르아살과
기스라
22 엘르아살이 아들이 없이 죽고 딸만
있더니 그의 형제 기스의 아들이 그
에게 장가 들었으며
23 무시의 아들들은 마흘리와 에델과
여레못 세 사람이더라
24 이는 다 레위 자손이니 그 조상의
가문대로 그들의 이름이 기록되
고 여호와의 성전에서 섬기는 일을 하
는 이십 세 이상 된 우두머리들이라
25 다윗이 이르기를 이스라엘 하나님
여호와께서 평강을 그의 백성에게 주
시고 예루살렘에 영원히 거하시나니
26 레위 사람이 다시는 성막과 그 가
운데에서 쓰는 모든 기구를 멜 필
요가 없다 한지라
27 다윗의 유언대로 레위 자손이 이십
세 이상으로 계수되었으니
28 그 직분은 아론의 자손을 도와 여호
와의 성전과 뜰과 골방에서 섬기
고 모든 성물을 정결하게 하는 일
곧 하나님의 성전에서 섬기는 일과
29 또 진설병과 고운 가루의 소제물
곧 무교전병이나 과자를 굽는 것이
나 반죽하는 것이나 또 모든 저울
과 자를 맡고
30 아침과 저녁마다 서서 여호와께 감사
하고 찬송하며
31 또 안식일과 초하루와 절기에 모든
번제를 여호와께 드리되 그 명령하
신 규례의 정한 수효대로 항상 여
호와 앞에 드리며
32 또 회막의 직무와 성소의 직무와 그
들의 형제 아론 자손의 직무를 지
켜 여호와의 성전에서 수종 드는 것
이더라

24 아론 자손의 계열들이 이러하니
라 아론의 아들들은 나답과 아비후
와 엘르아살과 이다말이라
2 나답과 아비후가 그들의 아버지보
다 먼저 죽고 그들에게 아들이 없
으므로 엘르아살과 이다말이 제사
장의 직분을 행하였더라
3 다윗이 엘르아살의 자손 사독과 이
다말의 자손 아히멜렉과 더불어 그
들을 나누어 각각 그 섬기는 직무
를 맡겼는데
4 엘르아살의 자손 중에 족장이 이다
말의 자손보다 많으므로 나눈 것
이 이러하니 엘르아살 자손의 족
장이 열여섯 명이요 이다말 자
손은 그 조상들의 가문을 따라 여
덟 명이라
5 이에 제비 뽑아 피차에 차등이 없이
나누었으니 이는 성전의 일을 다스

기록일 : . . .

리는 자와 하나님의 일을 다스리는
자가 엘르아살의 자손 중에도 있고
이다말의 자손 중에도 있음이라
6 레위 사람 느다넬의 아들 서기관 스
마야가 왕과 방백과 제사장 사독과
아비아달의 아들 아히멜렉과 및 제
사장과 레위 사람의 우두머리 앞에
서 그 이름을 기록하여 엘르아살의
자손 중에서 한 집을 뽑고 이다말의
자손 중에서 한 집을 뽑았으니
7 첫째로 제비 뽑힌 자는 여호야립이
요 둘째는 여다야요
8 셋째는 하림이요 넷째는 스오림이요
9 다섯째는 말기야요 여섯째는 미야
민이요
10 일곱째는 학고스요 여덟째는 아비
야요
11 아홉째는 예수아요 열째는 스가냐요
12 열한째는 엘리아십이요 열두째는
야김이요
13 열셋째는 훕바요 열넷째는 예세브
압이요
14 열다섯째는 빌가요 열여섯째는 임
멜이요
15 열일곱째는 헤실이요 열여덟째는
합비세스요
16 열아홉째는 브다히야요 스무째는
여헤스겔이요
17 스물한째는 야긴이요 스물두째는
가물이요
18 스물셋째는 들라야요 스물넷째는
마아시야라
19 이와 같은 직무에 따라 야훼의 성
전에 들어가서 그의 아버지 아론을
도왔으니 이는 이스라엘의 하나님
야훼께서 명하신 규례더라
20 레위 자손 중에 남은 자는 이러하
니 아므람의 아들들 중에는 수바엘
이요 수바엘의 아들들 중에는 예드
야며
21 르하뱌에게 이르러는 그의 아들들
중에 우두머리 잇시야요
22 이스할의 아들들 중에는 슬로못이요
슬로못의 아들들 중에는 야핫이요
23 헤브론의 아들들은 장자 여리야와
둘째 아마랴와 셋째 야하시엘과 넷
째 여가므암이요
24 웃시엘의 아들들은 미가요 미가의
아들들 중에는 사밀이요
25 미가의 아우는 잇시야라 잇시야의
아들들 중에는 스가랴이며
26 므라리의 아들들은 마흘리와 무시
요 야아시야의 아들들은 브노이니
27 므라리의 자손 야아시야에게서 난
자는 브노와 소함과 삭굴과 이브
리요
28 마흘리의 아들 중에는 엘르아살이
니 엘르아살은 아들이 없으며
29 기스에게 이르러는 그의 아들 여라
므엘이요

30 무시의 아들들은 마흘리와 에델과
여리못이니 이는 다 그 조상의 가
문에 따라 기록한 레위 자손이라
31 이 여러 사람도 다윗 왕과 사독과
아히멜렉과 제사장과 레위 우두머
리 앞에서 그들의 형제 아론 자손
처럼 제비 뽑혔으니 장자의 가문과
막내 동생의 가문이 다름이 없더라

25 다윗이 군대 지휘관들과 더불어
아삽과 헤만과 여두둔의 자손 중에
서 구별하여 섬기게 하되 수금과 비
파와 제금을 잡아 신령한 노래를
하게 하였으니 그 직무대로 일하는
자의 수효는 이러하니라
2 아삽의 아들들은 삭굴과 요셉과 느
다냐와 아사렐라니 이 아삽의 아들
들이 아삽의 지휘 아래 왕의 명령
을 따라 신령한 노래를 하며
3 여두둔에게 이르러서는 그의 아들
들 그달리야와 스리와 여사야와 시
므이와 하사뱌와 맛디디야 여섯 사
람이니 그의 아버지 여두둔의 지휘
아래 수금을 잡아 신령한 노래를
하며 야훼께 감사하며 찬양하며
4 헤만에게 이르러는 그의 아들들 북
기야와 맛다냐와 웃시엘과 스브엘
과 여리못과 하나냐와 하나니와 엘
리아다와 깃달디와 로맘디에셀과
요스브가사와 말로디와 호딜과 마
하시옷이라
5 이는 다 헤만의 아들들이니 나팔을
부는 자들이며 헤만은 하나님의 말
씀을 가진 왕의 선견자라 하나님이
헤만에게 열네 아들과 세 딸을 주
셨더라
6 이들이 다 그들의 아버지의 지휘
아래 제금과 비파와 수금을 잡아
야훼의 전에서 노래하여 하나님의
전을 섬기며 아삽과 여두둔과 헤
만은 왕의 지휘 아래 있었으니
7 그들과 모든 형제 곧 야훼 찬송하
기를 배워 익숙한 자의 수효가 이
백팔십팔 명이라
8 이 무리의 큰 자나 작은 자나 스승
이나 제자를 막론하고 다같이 제비
뽑아 직임을 얻었으니
9 첫째로 제비 뽑힌 자는 아삽의 아
들 중 요셉이요 둘째는 그달리야이
니 그와 그의 형제들과 아들들 십
이 명이요
10 셋째는 삭굴이니 그의 아들들과 형
제들과 십이 명이요
11 넷째는 이스리이니 그의 아들들과
형제들과 십이 명이요
12 다섯째는 느다냐니 그의 아들들과
형제들과 십이 명이요
13 여섯째는 북기야니 그의 아들들과
형제들과 십이 명이요
14 일곱째는 여사렐라니 그의 아들들
과 형제들과 십이 명이요

기록일 : . . .

15 여덟째는 여사야니 그의 아들들과
형제들과 십이 명이요
16 아홉째는 맛다냐니 그의 아들들과
형제들과 십이 명이요
17 열째는 시므이니 그의 아들들과 형
제들과 십이 명이요
18 열한째는 아사렐이니 그의 아들들
과 형제들과 십이 명이요
19 열두째는 하사뱌니 그의 아들들과
형제들과 십이 명이요
20 열셋째는 수바엘이니 그의 아들들
과 형제들과 십이 명이요
21 열넷째는 맛디디야니 그의 아들들
과 형제들과 십이 명이요
22 열다섯째는 여레못이니 그의 아들
들과 형제들과 십이 명이요
23 열여섯째는 하나냐니 그의 아들들
과 형제들과 십이 명이요
24 열일곱째는 요스브가사니 그의 아
들들과 형제들과 십이 명이요
25 열여덟째는 하나니니 그의 아들들
과 형제들과 십이 명이요
26 열아홉째는 말로디니 그의 아들들
과 형제들과 십이 명이요
27 스무째는 엘리아다니 그의 아들들
과 형제들과 십이 명이요
28 스물한째는 호딜이니 그의 아들들
과 형제들과 십이 명이요
29 스물두째는 깃달디니 그의 아들들
과 형제들과 십이 명이요
30 스물셋째는 마하시옷이니 그의 아
들들과 형제들과 십이 명이요
31 스물넷째는 로맘디에셀이니 그의 아
들들과 형제들과 십이 명이었더라

26 고라 사람들의 문지기 반들은 이
러하니라 아삽의 가문 중 고레의
아들 므셀레먀라
2 므셀레먀의 아들들인 맏아들 스가
랴와 둘째 여디야엘과 셋째 스바댜
와 넷째 야드니엘과
3 다섯째 엘람과 여섯째 여호하난과
일곱째 엘여호에내이며
4 오벧에돔의 아들들은 맏아들 스마
야와 둘째 여호사밧과 셋째 요아와
넷째 사갈과 다섯째 느다넬과
5 여섯째 암미엘과 일곱째 잇사갈과
여덟째 브울래대이니 이는 하나님
이 오벧에돔에게 복을 주셨음이라
6 그의 아들 스마야도 두어 아들을
낳았으니 그들의 조상의 가문을 다
스리는 자요 큰 용사라
7 스마야의 아들들은 오드니와 르바
엘과 오벳과 엘사밧이며 엘사밧의
형제 엘리후와 스마갸는 능력이 있
는 자이니
8 이는 다 오벧에돔의 자손이라 그들
과 그의 아들들과 그의 형제들은
다 능력이 있어 그 직무를 잘하는
자이니 오벧에돔에게서 난 자가 육
십이 명이며

기록일 : . . .

9 또 므셀레먀의 아들과 형제 열여덟
명은 능력이 있는 자라
10 므라리 자손 중 호사에게도 아들들
이 있으니 그의 장자는 시므리라 시
므리는 본래 맏아들이 아니나 그의
아버지가 장자로 삼았고
11 둘째는 힐기야요 셋째는 드발리야
요 넷째는 스가랴이니 호사의 아들
들과 형제들이 열세 명이더라
12 이상은 다 문지기의 반장으로서 그
형제처럼 직임을 얻어 여호와의 성전
에서 섬기는 자들이라
13 각 문을 지키기 위하여 그의 조상
의 가문을 따라 대소를 막론하고
다 제비 뽑혔으니
14 셀레먀는 동쪽을 뽑았고 그의 아들
스가랴는 명철한 모사라 모사를 위
하여 제비 뽑으니 북쪽을 뽑았고
15 오벧에돔은 남쪽을 뽑았고 그의 아
들들은 곳간에 뽑혔으며
16 숩빔과 호사는 서쪽을 뽑아 큰 길
로 통한 살래겟 문 곁에 있어 서로
대하여 파수하였으니
17 동쪽 문에 레위 사람이 여섯이요
북쪽 문에 매일 네 사람이요 남쪽
문에 매일 네 사람이요 곳간에는
둘씩이며
18 서쪽 뜰에 있는 큰 길에 네 사람 그
리고 뜰에 두 사람이라
19 고라와 므라리 자손의 문지기의 직
책은 이러하였더라
20 레위 사람 중에 아히야는 하나님의
전 곳간과 성물 곳간을 맡았으며
21 라단의 자손은 곧 라단에게 속한
게르손 사람의 자손이니 게르손 사
람 라단에게 속한 가문의 우두머리
는 여히엘리라
22 여히엘리의 아들들은 스담과 그의
아우 요엘이니 여호와의 성전 곳간을
맡았고
23 아므람 자손과 이스할 자손과 헤브
론 자손과 웃시엘 자손 중에
24 모세의 아들 게르솜의 자손 스브엘
은 곳간을 맡았고
25 그의 형제 곧 엘리에셀에게서 난
자는 그의 아들 르하뱌와 그의 아
들 여사야와 그의 아들 요람과 그
의 아들 시그리와 그의 아들 슬로
못이라
26 이 슬로못과 그의 형제는 성물의
모든 곳간을 맡았으니 곧 다윗 왕
과 가문의 우두머리와 천부장과 백
부장과 군대의 모든 지휘관이 구별
하여 드린 성물이라
27 그들이 싸울 때에 노략하여 얻은
물건 중에서 구별하여 드려 여호와의
성전을 개수한 일과
28 선견자 사무엘과 기스의 아들 사울
과 넬의 아들 아브넬과 스루야의
아들 요압이 무엇이든지 구별하여

드린 성물은 다 슬로못과 그의 형
제의 지휘를 받았더라
29 이스할 자손 중에 그나냐와 그의
아들들은 성전 밖에서 이스라엘의
일을 다스리는 관원과 재판관이 되
었고
30 헤브론 자손 중에 하사뱌와 그의
동족 용사 천 칠백 명은 요단 서쪽
에서 이스라엘을 주관하여 야훼의
모든 일과 왕을 섬기는 직임을 맡
았으며
31 헤브론 자손 중에서는 여리야가 그
의 족보와 종족대로 헤브론 자손의
우두머리가 되었더라 다윗이 왕 위
에 있은 지 사십 년에 길르앗 야셀
에서 그들 중에 구하여 큰 용사를
얻었으니
32 그의 형제 중 이천칠백 명이 다 용
사요 가문의 우두머리라 다윗 왕이
그들로 르우벤과 갓과 므낫세 반
지파를 주관하여 하나님의 모든 일
과 왕의 일을 다스리게 하였더라

27 이스라엘 자손의 모든 가문의 우
두머리와 천부장과 백부장과 왕을
섬기는 관원들이 그들의 숫자대로
반이 나누이니 각 반열이 이만 사천
명씩이라 일 년 동안 달마다 들어
가며 나왔으니
2 첫째 달 반의 반장은 삽디엘의 아
들 야소브암이요 그의 반에 이만
사천 명이라
3 그는 베레스의 자손으로서 첫째 달
반의 모든 지휘관의 우두머리가 되
었고
4 둘째 달 반의 반장은 아호아 사람
도대요 또 미글롯이 그의 반의 주
장이 되었으니 그의 반에 이만 사
천 명이요
5 셋째 달 군대의 셋째 지휘관은 대
제사장 여호야다의 아들 브나야요
그의 반에 이만 사천 명이라
6 이 브나야는 삼십 명 중에 용사요
삼십 명 위에 있으며 그의 반 중에
그의 아들 암미사밧이 있으며
7 넷째 달 넷째 지휘관은 요압의 아
우 아사헬이요 그 다음은 그의 아
들 스바댜이니 그의 반에 이만 사
천 명이요
8 다섯째 달 다섯째 지휘관은 이스라
사람 삼훗이니 그의 반에 이만 사
천 명이요
9 여섯째 달 여섯째 지휘관은 드고아
사람 익게스의 아들 이라이니 그의
반에 이만 사천 명이요
10 일곱째 달 일곱째 지휘관은 에브라
임 자손에 속한 발론 사람 헬레스
이니 그의 반에 이만 사천 명이요
11 여덟째 달 여덟째 지휘관은 세라
족속 후사 사람 십브개이니 그의
반에 이만 사천 명이요

기록일 : . . .

12 아홉째 달 아홉째 지휘관은 베냐민
자손 아나돗 사람 아비에셀이니 그
의 반에 이만 사천 명이요
13 열째 달 열째 지휘관은 세라 족속
느도바 사람 마하래이니 그의 반에
이만 사천 명이요
14 열한째 달 열한째 지휘관은 에브라
임 자손에 속한 비라돈 사람 브나
야이니 그의 반에 이만 사천 명이요
15 열두째 달 열두째 지휘관은 옷니엘
자손에 속한 느도바 사람 헬대니
그 반에 이만 사천 명이었더라
16 이스라엘 지파를 관할하는 자는 이
러하니라 르우벤 사람의 지도자는
시그리의 아들 엘리에셀이요 시므
온 사람의 지도자는 마아가의 아들
스바댜요
17 레위 사람의 지도자는 그무엘의 아
들 하사뱌요 아론 자손의 지도자는
사독이요
18 유다의 지도자는 다윗의 형 엘리후
요 잇사갈의 지도자는 미가엘의 아
들 오므리요
19 스불론의 지도자는 오바댜의 아들
이스마야요 납달리의 지도자는 아
스리엘의 아들 여레못이요
20 에브라임 자손의 지도자는 아사시
야의 아들 호세아요 므낫세 반 지
파의 지도자는 브다야의 아들 요엘
이요
21 길르앗에 있는 므낫세 반 지파의
지도자는 스가랴의 아들 잇도요 베
냐민의 지도자는 아브넬의 아들 야
아시엘이요
22 단은 여로함의 아들 아사렐이니 이
들은 이스라엘 지파의 지휘관이었
더라
23 이스라엘 사람의 이십 세 이하의
수효는 다윗이 조사하지 아니하였
으니 이는 여호와께서 전에 말씀하시
기를 이스라엘 사람을 하늘의 별
같이 많게 하리라 하셨음이라
24 스루야의 아들 요압이 조사하기를
시작하고 끝내지도 못해서 그 일로
말미암아 진노가 이스라엘에게 임
한지라 그 수효를 다윗 왕의 역대
지략에 기록하지 아니하였더라
25 아디엘의 아들 아스마웻은 왕의 곳
간을 맡았고 웃시야의 아들 요나단
은 밭과 성읍과 마을과 망대의 곳
간을 맡았고
26 글룹의 아들 에스리는 밭 가는 농
민을 거느렸고
27 라마 사람 시므이는 포도원을 맡았
고 스밤 사람 삽디는 포도원의 소
산 포도주 곳간을 맡았고
28 게델 사람 바알하난은 평야의 감람
나무와 뽕나무를 맡았고 요아스는
기름 곳간을 맡았고
29 사론 사람 시드래는 사론에서 먹이

기록일 : . . .

는 소 떼를 맡았고 아들래의 아들
사밧은 골짜기에 있는 소 떼를 맡
았고
30 이스마엘 사람 오빌은 낙타를 맡았
고 메로놋 사람 예드야는 나귀를
맡았고 하갈 사람 야시스는 양 떼
를 맡았으니
31 다윗 왕의 재산을 맡은 자들이 이
러하였더라
32 다윗의 숙부 요나단은 지혜가 있
어서 모사가 되며 서기관도 되었고
학모니의 아들 여히엘은 왕자들의
수종자가 되었고
33 아히도벨은 왕의 모사가 되었고 아
렉 사람 후새는 왕의 벗이 되었고
34 브나야의 아들 여호야다와 아비아
달은 아히도벨의 뒤를 이었고 요압
은 왕의 군대 지휘관이 되었더라

28 다윗이 이스라엘 모든 고관들 곧
각 지파의 어른과 왕을 섬기는 반
장들과 천부장들과 백부장들과 및
왕과 왕자의 모든 소유와 가축의
감독과 내시와 장사와 모든 용사를
예루살렘으로 소집하고
2 이에 다윗 왕이 일어서서 이르되 나
의 형제들, 나의 백성들아 내 말을
들으라 나는 야훼의 언약궤 곧 우
리 하나님의 발판을 봉안할 성전을
건축할 마음이 있어서 건축할 재료
를 준비하였으나
3 하나님이 내게 이르시되 너는 전쟁
을 많이 한 사람이라 피를 많이 흘
렸으니 내 이름을 위하여 성전을 건
축하지 못하리라 하셨느니라
4 그러나 이스라엘 하나님 야훼께서
전에 나를 내 부친의 온 집에서 택
하여 영원히 이스라엘 왕이 되게
하셨나니 곧 하나님이 유다 지파를
택하사 머리를 삼으시고 유다의 가
문에서 내 부친의 집을 택하시고
내 부친의 아들들 중에서 나를 기
뻐하사 온 이스라엘의 왕을 삼으셨
느니라
5 야훼께서 내게 여러 아들을 주시고
그 모든 아들 중에서 내 아들 솔로
몬을 택하사 야훼의 나라 왕 위에
앉혀 이스라엘을 다스리게 하려 하
실새
6 내게 이르시기를 네 아들 솔로몬
그가 내 성전을 건축하고 내 여러
뜰을 만들리니 이는 내가 그를 택
하여 내 아들로 삼고 나는 그의 아
버지가 될 것임이라
7 그가 만일 나의 계명과 법도를 힘
써 준행하기를 오늘과 같이 하면
내가 그의 나라를 영원히 견고하게
하리라 하셨느니라
8 이제 너희는 온 이스라엘 곧 야훼
의 회중이 보는 데에서와 우리 하
나님이 들으시는 데에서 너희 하나

님 야훼의 모든 계명을 구하여 지
키기로 하라 그리하면 너희가 이 아
름다운 땅을 누리고 너희 후손에게
끼쳐 영원한 기업이 되게 하리라
9 너 내 아들 솔로몬아 너는 네 아버지
의 하나님을 알고 온전한 마음과 기
쁜 뜻으로 섬길지어다 야훼께서는
모든 마음을 감찰하사 모든 의도를
아시나니 네가 만일 그를 찾으면 만
날 것이요 만일 네가 그를 버리면
그가 너를 영원히 버리시리라
10 그런즉 이제 너는 삼갈지어다 야훼
께서 너를 택하여 성전의 건물을 건
축하게 하셨으니 힘써 행할지니라
하니라
11 다윗이 성전의 복도와 그 집들과
그 곳간과 다락과 골방과 속죄소
의 설계도를 그의 아들 솔로몬에게
주고
12 또 그가 영감으로 받은 모든 것 곧
야훼의 성전의 뜰과 사면의 모든
방과 하나님의 성전 곳간과 성물
곳간의 설계도를 주고
13 또 제사장과 레위 사람의 반열과
야훼의 성전에서 섬기는 모든 일과
야훼의 성전을 섬기는 데에 쓰는
모든 그릇의 양식을 설명하고
14 또 모든 섬기는 데에 쓰는 금 기구
를 만들 금의 무게와 모든 섬기는
데에 쓰는 은 기구를 만들 은의 무
게를 정하고
15 또 금 등잔대들과 그 등잔 곧 각
등잔대와 그 등잔을 만들 금의 무
게와 은 등잔대와 그 등잔을 만들
은의 무게를 각기 그 기구에 알맞
게 하고
16 또 진설병의 각 상을 만들 금의 무
게를 정하고 은상을 만들 은도 그
렇게 하고
17 갈고리와 대접과 종지를 만들 순금
과 금 잔 곧 각 잔을 만들 금의 무
게와 또 은 잔 곧 각 잔을 만들 은
의 무게를 정하고
18 또 향단에 쓸 순금과 또 수레 곧
금 그룹들의 설계도대로 만들 금
의 무게를 정해 주니 이 그룹들은
날개를 펴서 야훼의 언약궤를 덮는
것이더라
19 다윗이 이르되 야훼의 손이 내게
임하여 이 모든 일의 설계를 그려
나에게 알려 주셨느니라
20 또 그의 아들 솔로몬에게 이르되
너는 강하고 담대하게 이 일을 행
하라 두려워하지 말며 놀라지 말라
네가 야훼의 성전 공사의 모든 일
을 마치기까지 야훼 하나님 나의
하나님이 너와 함께 계시사 네게서
떠나지 아니하시고 너를 버리지 아
니하시리라
21 제사장과 레위 사람의 반이 있으니

하나님의 성전의 모든 공사를 도울
것이요 또 모든 공사에 유능한 기
술자가 기쁜 마음으로 너와 함께
할 것이요 또 모든 지휘관과 백성
이 온전히 네 명령 아래에 있으리라
29 다윗 왕이 온 회중에게 이르되 내
아들 솔로몬이 유일하게 하나님께
서 택하신 바 되었으나 아직 어리고
미숙하며 이 공사는 크도다 이 성전
은 사람을 위한 것이 아니요 야훼
하나님을 위한 것이라
2 내가 이미 내 하나님의 성전을 위
하여 힘을 다하여 준비하였나니 곧
기구를 만들 금과 은과 놋과 철과
나무와 또 마노와 가공할 검은 보
석과 채석과 다른 모든 보석과 옥
돌이 매우 많으며
3 성전을 위하여 준비한 이 모든 것
외에도 내 마음이 내 하나님의 성
전을 사모하므로 내가 사유한 금,
은으로 내 하나님의 성전을 위하여
드렸노니
4 곧 오빌의 금 삼천 달란트와 순은
칠천 달란트라 모든 성전 벽에 입
히며
5 금, 은 그릇을 만들며 장인의 손으
로 하는 모든 일에 쓰게 하였노니
오늘 누가 즐거이 손에 채워 야훼
께 드리겠느냐 하는지라
6 이에 모든 가문의 지도자들과 이스
라엘 모든 지파의 지도자들과 천부
장과 백부장과 왕의 사무관이 다
즐거이 드리되
7 하나님의 성전 공사를 위하여 금
오천 달란트와 금 만 다릭 은 만 달
란트와 놋 만 팔천 달란트와 철 십
만 달란트를 드리고
8 보석을 가진 모든 사람은 게르손
사람 여히엘의 손에 맡겨 야훼의
성전 곳간에 드렸더라
9 백성들은 자원하여 드렸으므로 기
뻐하였으니 곧 그들이 성심으로 야
훼께 자원하여 드렸으므로 다윗 왕
도 심히 기뻐하니라
10 다윗이 온 회중 앞에서 야훼를 송
축하여 이르되 우리 조상 이스라
엘의 하나님 야훼여 주는 영원부터
영원까지 송축을 받으시옵소서
11 야훼여 위대하심과 권능과 영광과
승리와 위엄이 다 주께 속하였사오
니 천지에 있는 것이 다 주의 것이
로소이다 야훼여 주권도 주께 속하
였사오니 주는 높으사 만물의 머리
이심이니이다
12 부와 귀가 주께로 말미암고 또 주
는 만물의 주재가 되사 손에 권세
와 능력이 있사오니 모든 사람을
크게 하심과 강하게 하심이 주의
손에 있나이다
13 우리 하나님이여 이제 우리가 주께

기록일 : . . .

감사하오며 주의 영화로운 이름을
찬양하나이다
14 나와 내 백성이 무엇이기에 이처럼
즐거운 마음으로 드릴 힘이 있었나
이까 모든 것이 주께로 말미암았사
오니 우리가 주의 손에서 받은 것
으로 주께 드렸을 뿐이니이다
15 우리는 우리 조상들과 같이 주님
앞에서 이방 나그네와 거류민들이
라 세상에 있는 날이 그림자 같아
서 희망이 없나이다
16 우리 하나님 야훼여 우리가 주의
거룩한 이름을 위하여 성전을 건축
하려고 미리 저축한 이 모든 물건이
다 주의 손에서 왔사오니 다 주의
것이니이다
17 나의 하나님이여 주께서 마음을 감
찰하시고 정직을 기뻐하시는 줄을
내가 아나이다 내가 정직한 마음으
로 이 모든 것을 즐거이 드렸사오며
이제 내가 또 여기 있는 주의 백성
이 주께 자원하여 드리는 것을 보
오니 심히 기쁘도소이다
18 우리 조상들 아브라함과 이삭과 이
스라엘의 하나님 야훼여 주께서 이
것을 주의 백성의 심중에 영원히 두
어 생각하게 하시고 그 마음을 준비
하여 주께로 돌아오게 하시오며
19 또 내 아들 솔로몬에게 정성된 마음
을 주사 주의 계명과 권면과 율례
를 지켜 이 모든 일을 행하게 하시
고 내가 위하여 준비한 것으로 성전
을 건축하게 하옵소서 하였더라
20 다윗이 온 회중에게 이르되 너희는
너희 하나님 야훼를 송축하라 하매
회중이 그의 조상들의 하나님 야
훼를 송축하고 머리를 숙여 야훼와
왕에게 절하고
21 이튿날 야훼께 제사를 드리고 또
야훼께 번제를 드리니 수송아지가
천 마리요 숫양이 천 마리요 어린
양이 천 마리요 또 그 전제라 온 이
스라엘을 위하여 풍성한 제물을 드
리고
22 이 날에 무리가 크게 기뻐하여 야
훼 앞에서 먹으며 마셨더라 무리가
다윗의 아들 솔로몬을 다시 왕으로
삼아 기름을 부어 야훼께 돌려 주
권자가 되게 하고 사독에게도 기름
을 부어 제사장이 되게 하니라
23 솔로몬이 야훼께서 주신 왕위에 앉
아 아버지 다윗을 이어 왕이 되어
형통하니 온 이스라엘이 그의 명령
에 순종하며
24 모든 방백과 용사와 다윗 왕의 여러
아들들이 솔로몬 왕에게 복종하니
25 야훼께서 솔로몬을 모든 이스라엘
의 목전에서 심히 크게 하시고 또
왕의 위엄을 그에게 주사 그전 이
스라엘 모든 왕보다 뛰어나게 하셨

기록일 : . . .

더라
26 이새의 아들 다윗이 온 이스라엘의
왕이 되어
27 이스라엘을 다스린 기간은 사십 년
이라 헤브론에서 칠 년간 다스렸고
예루살렘에서 삼십삼 년을 다스렸
더라
28 그가 나이 많아 늙도록 부하고 존
귀를 누리다가 죽으매 그의 아들
솔로몬이 대신하여 왕이 되니라
29 다윗 왕의 행적은 처음부터 끝까지
선견자 사무엘의 글과 선지자 나단
의 글과 선견자 갓의 글에 다 기록
되고
30 또 그의 왕 된 일과 그의 권세와 그
와 이스라엘과 온 세상 모든 나라
의 지난 날의 역사가 다 기록되어
있느니라

기록일 : . . .

역대하

1

다윗의 아들 솔로몬의 왕위가 견
고하여 가며 그의 하나님 야훼께서
그와 함께 하사 심히 창대하게 하
시니라
2 솔로몬이 온 이스라엘의 천부장들
과 백부장들과 재판관들과 온 이스
라엘의 방백들과 족장들에게 명령
하여
3 솔로몬이 온 회중과 함께 기브온
산당으로 갔으니 하나님의 회막 곧
야훼의 종 모세가 광야에서 지은
것이 거기에 있음이라
4 다윗이 전에 예루살렘에서 하나님
의 궤를 위하여 장막을 쳐 두었으
므로 그 궤는 다윗이 이미 기럇여
아림에서부터 그것을 위하여 준비
한 곳으로 메어 올렸고
5 옛적에 훌의 손자 우리의 아들 브
살렐이 지은 놋제단은 야훼의 장막
앞에 있더라 솔로몬이 회중과 더불
어 나아가서
6 야훼 앞 곧 회막 앞에 있는 놋 제단
에 솔로몬이 이르러 그 위에 천 마
리 희생으로 번제를 드렸더라
7 그 날 밤에 하나님이 솔로몬에게
나타나 그에게 이르시되 내가 네게
무엇을 주랴 너는 구하라 하시니
8 솔로몬이 하나님께 말하되 주께
서 전에 큰 은혜를 내 아버지 다윗
에게 베푸시고 내가 그를 대신하여
왕이 되게 하셨사오니
9 야훼 하나님이여 원하건대 주는 내
아버지 다윗에게 허락하신 것을 이
제 굳게 하옵소서 주께서 나를 땅
의 티끌 같이 많은 백성의 왕으로
삼으셨사오니
10 주는 이제 내게 지혜와 지식을 주
사 이 백성 앞에서 출입하게 하옵
소서 이렇게 많은 주의 백성을 누
가 능히 재판하리이까 하니
11 하나님이 솔로몬에게 이르시되 이
런 마음이 네게 있어서 부나 재물
이나 영광이나 원수의 생명 멸하기
를 구하지 아니하며 장수도 구하지
아니하고 오직 내가 네게 다스리게
한 내 백성을 재판하기 위하여 지
혜와 지식을 구하였으니
12 그러므로 내가 네게 지혜와 지식을
주고 부와 재물과 영광도 주리니
네 전의 왕들도 이런 일이 없었거니
와 네 후에도 이런 일이 없으리라
하시니라
13 이에 솔로몬이 기브온 산당 회막
앞에서부터 예루살렘으로 돌아와서
이스라엘을 다스렸더라
14 솔로몬이 병거와 마병을 모으매 병

기록일 : . . .

거가 천사백 대요 마병이 만 이천
명이라 병거성에도 두고 예루살렘
왕에게도 두었으며
15 왕이 예루살렘에서 은금을 돌 같이
흔하게 하고 백향목을 평지의 뽕나
무 같이 많게 하였더라
16 솔로몬의 말들은 애굽과 구에에서
사들였으니 왕의 무역상들이 떼로
값을 정하여 산 것이며
17 애굽에서 사들인 병거는 한 대에
은 육백 세겔이요 말은 백오십 세
겔이라 이와 같이 헷 사람들의 모
든 왕들과 아람 왕들을 위하여 그
들의 손으로 되팔기도 하였더라

2 솔로몬이 야훼의 이름을 위하여
성전을 건축하고 자기 왕위를 위하
여 궁궐 건축하기를 결심하니라
2 솔로몬이 이에 짐꾼 칠만 명과 산
에서 돌을 떠낼 자 팔만 명과 일을
감독할 자 삼천 육백 명을 뽑고
3 솔로몬이 사절을 두로 왕 후람에게
보내어 이르되 당신이 전에 내 아버
지 다윗에게 백향목을 보내어 그가
거주하실 궁궐을 건축하게 한 것
같이 내게도 그리 하소서
4 이제 내가 나의 하나님 야훼의 이
름을 위하여 성전을 건축하여 구별
하여 드리고 주 앞에서 향 재료를
사르며 항상 떡을 차려 놓으며 안
식일과 초하루와 우리 하나님 야훼
의 절기에 아침 저녁으로 번제를 드
리려 하오니 이는 이스라엘의 영원
한 규례니이다
5 내가 건축하고자 하는 성전은 크니
우리 하나님은 모든 신들보다 크심
이라
6 누가 능히 하나님을 위하여 성전을
건축하리요 하늘과 하늘들의 하늘
이라도 주를 용납하지 못하겠거든
내가 누구이기에 어찌 능히 그를
위하여 성전을 건축하리요 그 앞에
분향하려 할 따름이니이다
7 이제 청하건대 당신은 금, 은, 동,
철로 제조하며 자색 홍색 청색 실
로 직조하며 또 아로새길 줄 아는
재주 있는 사람 하나를 내게 보내
어 내 아버지 다윗이 유다와 예루
살렘에서 준비한 나의 재주 있는
사람들과 함께 일하게 하고
8 또 레바논에서 백향목과 잣나무와
백단목을 내게로 보내소서 내가 알
거니와 당신의 종은 레바논에서 벌
목을 잘 하나니 내 종들이 당신의
종들을 도울지라
9 이와 같이 나를 위하여 재목을 많이
준비하게 하소서 내가 건축하려 하
는 성전은 크고 화려할 것이니이다
10 내가 당신의 벌목하는 종들에게 찧
은 밀 이만 고르와 보리 이만 고르
와 포도주 이만 밧과 기름 이만 밧

기록일 : . . .

을 주리이다 하였더라
11 두로 왕 후람이 솔로몬에게 답장
하여 이르되 야훼께서 자기 백성을
사랑하시므로 당신을 세워 그들의
왕을 삼으셨도다
12 후람이 또 이르되 천지를 지으신 이
스라엘의 하나님 야훼는 송축을 받
으실지로다 다윗 왕에게 지혜로운
아들을 주시고 명철과 총명을 주시
사 능히 야훼를 위하여 성전을 건
축하고 자기 왕위를 위하여 궁궐을
건축하게 하시도다
13 내가 이제 재주 있고 총명한 사람
을 보내오니 전에 내 아버지 후람
에게 속하였던 자라
14 이 사람은 단의 여자들 중 한 여인
의 아들이요 그의 아버지는 두로
사람이라 능히 금, 은, 동, 철과 돌
과 나무와 자색 청색 홍색 실과 가
는 베로 일을 잘하며 또 모든 아로
새기는 일에 익숙하고 모든 기묘한
양식에 능한 자이니 그에게 당신의
재주 있는 사람들과 당신의 아버지
내 주 다윗의 재주 있는 사람들과
함께 일하게 하소서
15 내 주께서 말씀하신 밀과 보리와
기름과 포도주는 주의 종들에게 보
내소서
16 우리가 레바논에서 당신이 쓰실 만
큼 벌목하여 떼를 엮어 바다에 띄
워 욥바로 보내리니 당신은 재목들
을 예루살렘으로 올리소서 하였더
라
17 전에 솔로몬의 아버지 다윗이 이스
라엘 땅에 사는 이방 사람들을 조
사하였더니 이제 솔로몬이 다시 조
사하매 모두 십오만 삼천 육백 명
이라
18 그 중에서 칠만 명은 짐꾼이 되게
하였고 팔만 명은 산에서 벌목하게
하였고 삼천 육백 명은 감독으로
삼아 백성들에게 일을 시키게 하였
더라

3 솔로몬이 예루살렘 모리아 산에
야훼의 전 건축하기를 시작하니 그
곳은 전에 야훼께서 그의 아버지
다윗에게 나타나신 곳이요 여부스
사람 오르난의 타작 마당에 다윗이
정한 곳이라
2 솔로몬이 왕위에 오른 지 넷째 해
둘째 달 둘째 날 건축을 시작하였
더라
3 솔로몬이 하나님의 전을 위하여 놓
은 지대는 이러하니 옛날에 쓰던
자로 길이가 육십 규빗이요 너비가
이십 규빗이며
4 그 성전 앞에 있는 낭실의 길이가
성전의 너비와 같이 이십 규빗이요
높이가 백이십 규빗이니 안에는 순
금으로 입혔으며

기록일 : . . .

5 그 대전 천장은 잣나무로 만들고
또 순금으로 입히고 그 위에 종려
나무와 사슬 형상을 새겼고
6 또 보석으로 성전을 꾸며 화려하게
하였으니 그 금은 바르와임 금이며
7 또 금으로 성전과 그 들보와 문지
방과 벽과 문짝에 입히고 벽에 그
룹들을 아로새겼더라
8 또 지성소를 지었으니 성전 넓이대
로 길이가 이십 규빗이요 너비도 이
십 규빗이라 순금 육백 달란트로
입혔으니
9 못 무게가 금 오십 세겔이요 다락
들도 금으로 입혔더라
10 지성소 안에 두 그룹의 형상을 새
겨 만들어 금으로 입혔으니
11 두 그룹의 날개 길이가 모두 이십
규빗이라 왼쪽 그룹의 한 날개는
다섯 규빗이니 성전 벽에 닿았고 그
다른 날개도 다섯 규빗이니 오른쪽
그룹의 날개에 닿았으며
12 오른쪽 그룹의 한 날개도 다섯 규
빗이니 성전 벽에 닿았고 그 다른
날개도 다섯 규빗이니 왼쪽 그룹의
날개에 닿았으며
13 이 두 그룹이 편 날개가 모두 이십
규빗이라 그 얼굴을 내전으로 향하
여 서 있으며
14 청색 자색 홍색 실과 고운 베로 휘
장문을 짓고 그 위에 그룹의 형상
을 수놓았더라
15 성전 앞에 기둥 둘을 만들었으니
높이가 삼십오 규빗이요 각 기둥
꼭대기의 머리가 다섯 규빗이라
16 성소 같이 사슬을 만들어 그 기둥
머리에 두르고 석류 백 개를 만들
어 사슬에 달았으며
17 그 두 기둥을 성전 앞에 세웠으니
왼쪽에 하나요 오른쪽에 하나라 오
른쪽 것은 야긴이라 부르고 왼쪽
것은 보아스라 불렀더라

4

솔로몬이 또 놋으로 제단을 만들
었으니 길이가 이십 규빗이요 너비
가 이십 규빗이요 높이가 십 규빗
이며
2 또 놋을 부어 바다를 만들었으니 지
름이 십 규빗이요 그 모양이 둥글며
그 높이는 다섯 규빗이요 주위는 삼
십 규빗 길이의 줄을 두를 만하며
3 그 가장자리 아래에는 돌아가며 소
형상이 있는데 각 규빗에 소가 열
마리씩 있어서 바다 주위에 둘렸으
니 그 소는 바다를 부어 만들 때에
두 줄로 부어 만들었으며
4 그 바다를 놋쇠 황소 열두 마리가
받쳤으니 세 마리는 북쪽을 향하였
고 세 마리는 서쪽을 향하였고 세
마리는 남쪽을 향하였고 세 마리는
동쪽을 향하였으며 바다를 그 위에
놓았고 소의 엉덩이는 다 안으로

기록일 : . . .

향하였으며
5 바다의 두께는 한 손 너비만 하고 그
것의 둘레는 잔 둘레와 같이 백합화
의 모양으로 만들었으니 그 바다에
는 삼천 밧을 담겠으며
6 또 물두멍 열 개를 만들어 다섯 개
는 오른쪽에 두고 다섯 개는 왼쪽에
두어 씻게 하되 번제에 속한 물건을
거기서 씻게 하였으며 그 바다는 제
사장들이 씻기 위한 것이더라
7 또 규례대로 금으로 등잔대 열 개
를 만들어 내전 안에 두었으니 왼쪽
에 다섯 개요 오른쪽에 다섯 개
이며
8 또 상 열 개를 만들어 내전 안에 두
었으니 왼쪽에 다섯 개요 오른쪽에
다섯 개이며 또 금으로 대접 백 개
를 만들었고
9 또 제사장의 뜰과 큰 뜰과 뜰 문을
만들고 그 문짝에 놋을 입혔고
10 그 바다는 성전 오른쪽 동남쪽에
두었더라
11 후람이 또 솥과 부삽과 대접을 만
들었더라 이와 같이 후람이 솔로몬
왕을 위하여 하나님의 성전에서 할
일을 마쳤으니
12 곧 기둥 둘과 그 기둥 꼭대기의 공
같은 머리 둘과 또 기둥 꼭대기의
공 같은 기둥 머리를 가리는 그물
둘과
13 또 그 그물들을 위하여 만든 바 각 그
물에 두 줄씩으로 기둥 위의 공 같
은 두 머리를 가리는 석류 사백 개와
14 또 받침과 받침 위의 물두멍과
15 한 바다와 그 바다 아래에 소 열두
마리와
16 솥과 부삽과 고기 갈고리와 여호와의
전의 모든 그릇들은 후람의 아
버지가 솔로몬 왕을 위하여 빛나는
놋으로 만들었더라
17 왕이 요단 평지에서 숙곳과 스레다
사이의 진흙에 그것들을 부어 내었
더라
18 이와 같이 솔로몬이 이 모든 기구
를 매우 많이 만들었으므로 그 놋
무게를 능히 측량할 수 없었더라
19 솔로몬이 또 하나님의 전의 모든
기구를 만들었으니 곧 금 제단과
진설병 상들과
20 지성소 앞에서 규례대로 불을 켤
순금 등잔대와 그 등잔이며
21 또 순수한 금으로 만든 꽃과 등잔
과 부젓가락이며
22 또 순금으로 만든 불집게와 주발과
숟가락과 불 옮기는 그릇이며 또
성전 문 곧 지성소의 문과 내전의
문을 금으로 입혔더라

5 솔로몬이 여호와의 전을 위하여 만
드는 모든 일을 마친지라 이에 솔
로몬이 그의 아버지 다윗이 드린

은과 금과 모든 기구를 가져다가
하나님의 전 곳간에 두었더라
2 이에 솔로몬이 야훼의 언약궤를 다
윗 성 곧 시온에서부터 메어 올리
고자 하여 이스라엘 장로들과 모든
지파의 우두머리 곧 이스라엘 자손
의 족장들을 다 예루살렘으로 소집
하니
3 일곱째 달 절기에 이스라엘 모든
사람이 다 왕에게로 모이고
4 이스라엘 장로들이 이르매 레위 사
람들이 궤를 메니라
5 궤와 회막과 장막 안에 모든 거룩
한 기구를 메고 올라가되 레위인 제
사장들이 그것들을 메고 올라가매
6 솔로몬 왕과 그 앞에 모인 모든 이
스라엘 회중이 궤 앞에서 양과 소로
제사를 드렸으니 그 수가 많아 기록
할 수도 없고 셀 수도 없었더라
7 제사장들이 야훼의 언약궤를 그 처
소로 메어 들였으니 곧 본전 지성소
그룹들의 날개 아래라
8 그룹들이 궤 처소 위에서 날개를
펴서 궤와 그 채를 덮었는데
9 그 채가 길어서 궤에서 나오므로
그 끝이 본전 앞에서 보이나 밖에
서는 보이지 아니하며 그 궤가 오
늘까지 그 곳에 있으며
10 궤 안에는 두 돌판 외에 아무것도
없으니 이것은 이스라엘 자손이 애
굽에서 나온 후 야훼께서 그들과
언약을 세우실 때에 모세가 호렙에
서 그 안에 넣은 것이더라
11 이 때에는 제사장들이 그 반열대로
하지 아니하고 스스로 정결하게 하
고 성소에 있다가 나오매
12 노래하는 레위 사람 아삽과 헤만과
여두둔과 그의 아들들과 형제들이
다 세마포를 입고 제단 동쪽에 서
서 제금과 비파와 수금을 잡고 또
나팔 부는 제사장 백이십 명이 함
께 서 있다가
13 나팔 부는 자와 노래하는 자들이
일제히 소리를 내어 야훼를 찬송하
며 감사하는데 나팔 불고 제금 치
고 모든 악기를 울리며 소리를 높
여 야훼를 찬송하여 이르되 선하시
도다 그의 자비하심이 영원히 있도
다 하매 그 때에 야훼의 전에 구름
이 가득한지라
14 제사장들이 그 구름으로 말미암아
능히 서서 섬기지 못하였으니 이는
야훼의 영광이 하나님의 전에 가득
함이었더라

6

그 때에 솔로몬이 이르되 야훼께
서 캄캄한 데 계시겠다 말씀하셨사
오나
2 내가 주를 위하여 거하실 성전을 건
축하였사오니 주께서 영원히 계실
처소로소이다 하고

3 얼굴을 돌려 이스라엘 온 회중을 위하여 축복하니 그 때에 이스라엘의 온 회중이 서 있더라

4 왕이 이르되 이스라엘 하나님 야훼를 송축할지로다 야훼께서 그의 입으로 내 아버지 다윗에게 말씀하신 것을 이제 그의 손으로 이루셨도다 이르시기를

5 내가 내 백성을 애굽 땅에서 인도하여 낸 날부터 내 이름을 둘 만한 집을 건축하기 위하여 이스라엘 모든 지파 가운데서 아무 성읍도 택하지 아니하였으며 내 백성 이스라엘의 주권자가 될 사람을 아무도 택하지 아니하였더니

6 예루살렘을 택하여 내 이름을 거기 두고 또 다윗을 택하여 내 백성 이스라엘을 다스리게 하였노라 하신지라

7 내 아버지 다윗이 이스라엘의 하나님 야훼의 이름을 위하여 성전을 건축할 마음이 있었더니

8 야훼께서 내 아버지 다윗에게 이르시되 네가 내 이름을 위하여 성전을 건축할 마음이 있으니 이 마음이 네게 있는 것이 좋도다

9 그러나 너는 그 성전을 건축하지 못할 것이요 네 허리에서 나올 네 아들 그가 내 이름을 위하여 성전을 건축하리라 하시더니

10 이제 야훼께서 말씀하신 대로 이루셨도다 내가 야훼께서 말씀하신 대로 내 아버지 다윗을 대신하여 일어나 이스라엘 왕위에 앉고 이스라엘의 하나님 야훼의 이름을 위하여 성전을 건축하고

11 내가 또 그 곳에 야훼께서 이스라엘 자손과 더불어 세우신 언약을 넣은 궤를 두었노라 하니라

12 솔로몬이 야훼의 제단 앞에서 이스라엘의 모든 회중과 마주 서서 그의 손을 펴니라

13 솔로몬이 일찍이 놋으로 대를 만들었으니 길이가 다섯 규빗이요 너비가 다섯 규빗이요 높이가 세 규빗이라 뜰 가운데에 두었더니 그가 그 위에 서서 이스라엘의 모든 회중 앞에서 무릎을 꿇고 하늘을 향하여 손을 펴고

14 이르되 이스라엘의 하나님 야훼여 천지에 주와 같은 신이 없나이다 주께서는 온 마음으로 주의 앞에서 행하는 주의 종들에게 언약을 지키시고 은혜를 베푸시나이다

15 주께서 주의 종 내 아버지 다윗에게 허락하신 말씀을 지키시되 주의 입으로 말씀하신 것을 손으로 이루심이 오늘과 같으니이다

16 이스라엘의 하나님 야훼여 주께서 주의 종 내 아버지 다윗에게 말씀하

기록일 : . . .

시기를 네 자손이 그들의 행위를 삼
가서 네가 내 앞에서 행한 것 같이
내 율법대로 행하기만 하면 네게로
부터 나서 이스라엘 왕위에 앉을 사
람이 내 앞에서 끊어지지 아니하리
라 하셨사오니 이제 다윗을 위하여
그 허락하신 말씀을 지키시옵소서
17 그런즉 이스라엘 하나님 야훼여 원
하건대 주는 주의 종 다윗에게 하
신 말씀이 확실하게 하옵소서
18 하나님이 참으로 사람과 함께 땅에
계시리이까 보소서 하늘과 하늘들
의 하늘이라도 주를 용납하지 못하
겠거든 하물며 내가 건축한 이 성전
이오리이까
19 그러나 나의 하나님 야훼여 주의
종의 기도와 간구를 돌아보시며 주
의 종이 주 앞에서 부르짖는 것과
비는 기도를 들으시옵소서
20 주께서 전에 말씀하시기를 내 이름
을 거기에 두리라 하신 곳 이 성전
을 향하여 주의 눈이 주야로 보시
오며 종이 이 곳을 향하여 비는 기
도를 들으시옵소서
21 주의 종과 주의 백성 이스라엘이
이 곳을 향하여 기도할 때에 주는
그 간구함을 들으시되 주께서 계신
곳 하늘에서 들으시고 들으시사 사
하여 주옵소서
22 만일 어떤 사람이 그의 이웃에게
범죄하므로 맹세시킴을 받고 그가
와서 이 성전에 있는 주의 제단 앞
에서 맹세하거든
23 주는 하늘에서 들으시고 행하시되
주의 종들을 심판하사 악한 자의
죄를 정하여 그의 행위대로 그의
머리에 돌리시고 공의로운 자를 의
롭다 하사 그 의로운 대로 갚으시
옵소서
24 만일 주의 백성 이스라엘이 주께
범죄하여 적국 앞에 패하게 되므로
주의 이름을 인정하고 주께로 돌아
와서 이 성전에서 주께 빌며 간구하
거든
25 주는 하늘에서 들으시고 주의 백성
이스라엘의 죄를 사하시고 그들과
그들의 조상들에게 주신 땅으로 돌
아오게 하옵소서
26 만일 그들이 주께 범죄함으로 말
미암아 하늘이 닫히고 비가 내리지
않는 주의 벌을 받을 때에 이 곳을
향하여 빌며 주의 이름을 인정하고
그들의 죄에서 떠나거든
27 주께서는 하늘에서 들으사 주의 종
들과 주의 백성 이스라엘의 죄를
사하시고 그 마땅히 행할 선한 길
을 가르쳐 주시오며 주의 백성에게
기업으로 주신 주의 땅에 비를 내
리시옵소서
28 만일 이 땅에 기근이나 전염병이 있

기록일 :   .   .   .

거나 곡식이 시들거나 깜부기가 나
거나 메뚜기나 황충이 나거나 적국
이 와서 성읍들을 에워싸거나 무슨
재앙이나 무슨 질병이 있든지 막
론하고
29 한 사람이나 혹 주의 온 백성 이스
라엘이 다 각각 자기의 마음에 재
앙과 고통을 깨닫고 이 성전을 향
하여 손을 펴고 무슨 기도나 무슨
간구를 하거든
30 주는 계신 곳 하늘에서 들으시고
사유하시되 각 사람의 마음을 아시
오니 그들의 모든 행위대로 갚으시
옵소서 주만 홀로 사람의 마음을 아
심이니이다
31 그리하시면 그들이 주께서 우리 조
상들에게 주신 땅에서 사는 동안에
항상 주를 경외하며 주의 길로 걸
어가리이다
32 주의 백성 이스라엘에 속하지 않
은 이방인에게 대하여도 그들이 주
의 큰 이름과 능한 손과 펴신 팔을
위하여 먼 지방에서 와서 이 성전을
향하여 기도하거든
33 주는 계신 곳 하늘에서 들으시고
모든 이방인이 주께 부르짖는 대로
이루사 땅의 만민이 주의 이름을
알고 주의 백성 이스라엘처럼 경외
하게 하시오며 또 내가 건축한 이
성전을 주의 이름으로 일컫는 줄을
알게 하옵소서
34 주의 백성이 그 적국과 더불어 싸
우고자 하여 주께서 보내신 길로
나갈 때에 그들이 주께서 택하신
이 성과 내가 주의 이름을 위하여
건축한 성전 있는 쪽을 향하여 주
께 기도하거든
35 주는 하늘에서 그들의 기도와 간구
를 들으시고 그들의 일을 돌아보옵
소서
36 주께 범죄하지 아니하는 사람이 없
사오니 그들이 주께 범죄하므로 주
께서 그들에게 진노하사 그들을 적
국에게 넘기시매 적국이 그들을 사
로잡아 땅의 원근을 막론하고 끌고
간 후에
37 그들이 사로잡혀 간 땅에서 스스
로 깨닫고 그들을 사로잡은 자들의
땅에서 돌이켜 주께 간구하기를 우
리가 범죄하여 패역을 행하며 악을
행하였나이다 하며
38 자기들을 사로잡아 간 적국의 땅에
서 온 마음과 온 뜻으로 주께 돌아
와서 주께서 그들의 조상들에게 주
신 땅과 주께서 택하신 성과 내가
주의 이름을 위하여 건축한 성전 있
는 쪽을 향하여 기도하거든
39 주는 계신 곳 하늘에서 그들의 기
도와 간구를 들으시고 그들의 일을
돌보시오며 주께 범죄한 주의 백성

기록일 : . . .

을 용서하옵소서
40 나의 하나님이여 이제 이 곳에서 하
는 기도에 눈을 드시고 귀를 기울
이소서
41 야훼 하나님이여 일어나 들어가사
주의 능력의 궤와 함께 주의 평안한
처소에 계시옵소서 야훼 하나님이여
원하옵건대 주의 제사장들에게 구
원을 입게 하시고 또 주의 성도들에
게 은혜를 기뻐하게 하옵소서
42 야훼 하나님이여 주의 기름 부음
받은 자에게서 얼굴을 돌리지 마시
옵고 주의 종 다윗에게 베푸신 은
총을 기억하옵소서 하였더라

7

솔로몬이 기도를 마치매 불이 하
늘에서부터 내려와서 그 번제물과
제물들을 사르고 야훼의 영광이 그
성전에 가득하니
2 야훼의 영광이 야훼의 전에 가득하
므로 제사장들이 야훼의 전으로 능
히 들어가지 못하였고
3 이스라엘 모든 자손은 불이 내리는
것과 야훼의 영광이 성전 위에 있는
것을 보고 돌을 깐 땅에 엎드려 경
배하며 야훼께 감사하여 이르되 선
하시도다 그의 인자하심이 영원하
도다 하니라
4 이에 왕과 모든 백성이 야훼 앞에
제사를 드리니
5 솔로몬 왕이 드린 제물이 소가 이
만 이천 마리요 양이 십이만 마리라
이와 같이 왕과 모든 백성이 하나
님의 전의 낙성식을 행하니라
6 그 때에 제사장들은 직분대로 모셔
서고 레위 사람도 야훼의 악기를
가지고 섰으니 이 악기는 전에 다윗
왕이 레위 사람들에게 야훼께 감사
하게 하려고 만들어서 야훼의 인자
하심이 영원함을 찬송하게 하던 것
이라 제사장들은 무리 앞에서 나팔
을 불고 온 이스라엘은 서 있더라
7 솔로몬이 또 야훼의 전 앞뜰 가운
데를 거룩하게 하고 거기서 번제물
과 화목제의 기름을 드렸으니 이는
솔로몬이 지은 놋 제단이 능히 그
번제물과 소제물과 기름을 용납할
수 없음이더라
8 그 때에 솔로몬이 칠 일 동안 절기
를 지켰는데 하맛 어귀에서부터 애
굽 강까지의 온 이스라엘의 심히 큰
회중이 모여 그와 함께 하였더니
9 여덟째 날에 무리가 한 성회를 여
니라 제단의 낙성식을 칠 일 동안
행한 후 이 절기를 칠 일 동안 지키
니라
10 일곱째 달 제이십삼일에 왕이 백성
을 그들의 장막으로 돌려보내매 백
성이 야훼께서 다윗과 솔로몬과 그
의 백성 이스라엘에게 베푸신 은혜
로 말미암아 기뻐하며 마음에 즐거

기록일 : . . .

위하였더라
11 솔로몬이 야훼의 전과 왕궁 건축을
마치고 솔로몬의 심중에 야훼의 전
과 자기의 궁궐에 그가 이루고자
한 것을 다 형통하게 이루니라
12 밤에 야훼께서 솔로몬에게 나타나
시 그에게 이르시되 내가 이미 네
기도를 듣고 이 곳을 택하여 내게
제사하는 성전을 삼았으니
13 혹 내가 하늘을 닫고 비를 내리지
아니하거나 혹 메뚜기들에게 토산
을 먹게 하거나 혹 전염병이 내 백
성 가운데에 유행하게 할 때에
14 내 이름으로 일컫는 내 백성이 그
들의 악한 길에서 떠나 스스로 낮
추고 기도하여 내 얼굴을 찾으면
내가 하늘에서 듣고 그들의 죄를
사하고 그들의 땅을 고칠지라
15 이제 이 곳에서 하는 기도에 내가
눈을 들고 귀를 기울이리니
16 이는 내가 이미 이 성전을 택하고
거룩하게 하여 내 이름을 여기에 영
원히 있게 하였음이라 내 눈과 내
마음이 항상 여기에 있으리라
17 네가 만일 내 앞에서 행하기를 네
아버지 다윗이 행한 것과 같이 하여
내가 네게 명령한 모든 것을 행하
여 내 율례와 법규를 지키면
18 내가 네 나라 왕위를 견고하게 하
되 전에 내가 네 아버지 다윗과 언
약하기를 이스라엘을 다스릴 자가
네게서 끊어지지 아니하리라 한 대
로 하리라
19 그러나 너희가 만일 돌아서서 내가
너희 앞에 둔 내 율례와 명령을 버
리고 가서 다른 신들을 섬겨 그들
을 경배하면
20 내가 너희에게 준 땅에서 그 뿌리
를 뽑아내고 내 이름을 위하여 거
룩하게 한 이 성전을 내 앞에서 버
려 모든 민족 중에 속담거리와 이
야깃거리가 되게 하리니
21 이 성전이 비록 높을지라도 그리로
지나가는 자마다 놀라 이르되 야훼
께서 무슨 까닭으로 이 땅과 이 성
전에 이같이 행하셨는고 하면
22 대답하기를 그들이 자기 조상들을
애굽 땅에서 인도하여 내신 자기 하
나님 야훼를 버리고 다른 신들에게
붙잡혀서 그것들을 경배하여 섬기므
로 야훼께서 이 모든 재앙을 그들에
게 내리셨다 하리라 하셨더라

8

솔로몬이 야훼의 전과 자기의 궁
궐을 이십 년 동안에 건축하기를
마치고
2 후람이 솔로몬에게 되돌려 준 성읍
들을 솔로몬이 건축하여 이스라엘
자손에게 거기에 거주하게 하니라
3 솔로몬이 가서 하맛소바를 쳐서 점
령하고

기록일 : . . .

4 또 광야에서 다드몰을 건축하고 하
맛에서 모든 국고성들을 건축하고
5 또 윗 벧호론과 아랫 벧호론을 건
축하되 성벽과 문과 문빗장이 있게
하여 견고한 성읍으로 만들고
6 또 바알랏과 자기에게 있는 모든
국고성들과 모든 병거성들과 마병
의 성들을 건축하고 솔로몬이 또
예루살렘과 레바논과 그가 다스리
는 온 땅에 건축하고자 하던 것을
다 건축하니라
7 이스라엘이 아닌 헷 족속과 아모리
족속과 브리스 족속과 히위 족속과
여부스 족속의 남아 있는 모든 자
8 곧 이스라엘 자손이 다 멸하지 않
았으므로 그 땅에 남아 있는 그들
의 자손들을 솔로몬이 역군으로 삼
아 오늘에 이르렀으되
9 오직 이스라엘 자손은 솔로몬이 노
예로 삼아 일을 시키지 아니하였으
니 그들은 군사와 지휘관의 우두머
리들과 그의 병거와 마병의 지휘관
들이 됨이라
10 솔로몬 왕의 공장을 감독하는 자들
이 이백오십 명이라 그들이 백성을
다스렸더라
11 솔로몬이 바로의 딸을 데리고 다윗
성에서부터 그를 위하여 건축한 왕
궁에 이르러 이르되 내 아내가 이
스라엘 왕 다윗의 왕궁에 살지 못
하리니 이는 야훼의 궤가 이른 곳
은 다 거룩함이니라 하였더라
12 솔로몬이 낭실 앞에 쌓은 야훼의
제단 위에 야훼께 번제를 드리되
13 모세의 명령을 따라 매일의 일과
대로 안식일과 초하루와 정한 절기
곧 일년의 세 절기 무교절과 칠칠절
과 초막절에 드렸더라
14 솔로몬이 또 그의 아버지 다윗의
규례를 따라 제사장들의 반열을 정
하여 섬기게 하고 레위 사람들에게
도 그 직분을 맡겨 매일의 일과대
로 찬송하며 제사장들 앞에서 수종
들게 하며 또 문지기들에게 그 반
열을 따라 각 문을 지키게 하였으
니 이는 하나님의 사람 다윗이 전
에 이렇게 명령하였음이라
15 제사장들과 레위 사람들이 국고 일
에든지 무슨 일에든지 왕이 명령한
바를 전혀 어기지 아니하였더라
16 솔로몬이 야훼의 전의 기초를 쌓던
날부터 준공하기까지 모든 것을 완
비하였으므로 야훼의 전 공사가 결
점 없이 끝나니라
17 그 때에 솔로몬이 에돔 땅의 바닷가
에시온게벨과 엘롯에 이르렀더니
18 후람이 그의 신복들에게 부탁하여
배와 바닷길을 아는 종들을 보내매
그들이 솔로몬의 종들과 함께 오빌
에 이르러 거기서 금 사백오십 달란

기록일 : . . .

트를 얻어 솔로몬 왕에게로 가져왔
더라

9

스바의 여왕이 솔로몬의 명성을 듣
고 와서 어려운 질문으로 솔로몬
을 시험하고자 하여 예루살렘에 이
르니 매우 많은 시종들을 거느리고
향품과 많은 금과 보석을 낙타에
실었더라 그가 솔로몬에게 나아와
자기 마음에 있는 것을 다 말하매
2 솔로몬이 그가 묻는 말에 다 대답
하였으니 솔로몬이 몰라서 대답하
지 못한 것이 하나도 없었더라
3 스바 여왕이 솔로몬의 지혜와 그가
건축한 궁과
4 그의 상의 음식물과 그의 신하들의
좌석과 그의 신하들이 도열한 것과
그들의 공복과 술 관원들과 그들의
공복과 여호와의 전에 올라가는 층계
를 보고 정신이 황홀하여
5 왕께 말하되 내가 내 나라에서 당
신의 행위와 당신의 지혜에 대하여
들은 소문이 진실하도다
6 내가 그 말들을 믿지 아니하였더니
이제 와서 본즉 당신의 지혜가 크
다 한 말이 그 절반도 못 되니 당신
은 내가 들은 소문보다 더하도다
7 복되도다 당신의 사람들이여, 복되
도다 당신의 이 신하들이여, 항상
당신 앞에 서서 당신의 지혜를 들
음이로다
8 당신의 하나님 여호와를 송축할지로
다 하나님이 당신을 기뻐하시고 그
자리에 올리사 당신의 하나님 여호와
를 위하여 왕이 되게 하셨도다 당
신의 하나님이 이스라엘을 사랑하
사 영원히 견고하게 하시려고 당신
을 세워 그들의 왕으로 삼아 정의
와 공의를 행하게 하셨도다 하고
9 이에 그가 금 백이십 달란트와 매
우 많은 향품과 보석을 왕에게 드렸
으니 스바 여왕이 솔로몬 왕에게 드
린 향품 같은 것이 전에는 없었더라
10 후람의 신하들과 솔로몬의 신하들
도 오빌에서 금을 실어 올 때에 백
단목과 보석을 가져온지라
11 왕이 백단목으로 여호와의 전과 왕궁
의 층대를 만들고 또 노래하는 자
들을 위하여 수금과 비파를 만들
었으니 이 같은 것들은 유다 땅에서
전에는 보지 못하였더라
12 솔로몬 왕이 스바 여왕이 가져온
대로 답례하고 그 외에 또 그의 소
원대로 구하는 것을 모두 주니 이
에 그가 그의 신하들과 더불어 본
국으로 돌아갔더라
13 솔로몬의 세입금의 무게가 금 육백
육십육 달란트요
14 그 외에 또 무역상과 객상들이 가
져온 것이 있고 아라비아 왕들과
그 나라 방백들도 금과 은을 솔로

기록일 : . . .

몬에게 가져온지라
15 솔로몬 왕이 쳐서 늘인 금으로 큰
방패 이백 개를 만들었으니 방패
하나에 든 금이 육백 세겔이며
16 또 쳐서 늘인 금으로 작은 방패 삼
백 개를 만들었으니 방패 하나에
든 금이 삼백 세겔이라 왕이 이것
들을 레바논 나무 궁에 두었더라
17 왕이 또 상아로 큰 보좌를 만들고
순금으로 입혔으니
18 그 보좌에는 여섯 층계와 금 발판
이 있어 보좌와 이어졌고 앉는 자리
양쪽에는 팔걸이가 있고 팔걸이 곁
에는 사자가 하나씩 섰으며
19 또 열두 사자가 있어 그 여섯 층계
양쪽에 섰으니 어떤 나라에도 이같
이 만든 것이 없었더라
20 솔로몬 왕이 마시는 그릇은 다 금
이요 레바논 나무 궁의 그릇들도
다 순금이라 솔로몬의 시대에 은을
귀하게 여기지 아니함은
21 왕의 배들이 후람의 종들과 함께
다시스로 다니며 그 배들이 삼 년에
일 차씩 다시스의 금과 은과 상아
와 원숭이와 공작을 실어옴이더라
22 솔로몬 왕의 재산과 지혜가 천하의
모든 왕들보다 큰지라
23 천하의 열왕이 하나님께서 솔로몬
의 마음에 주신 지혜를 들으며 그
의 얼굴을 보기 원하여
24 각기 예물을 가지고 왔으니 곧 은
그릇과 금 그릇과 의복과 갑옷과
향품과 말과 노새라 해마다 정한
수가 있었더라
25 솔로몬의 병거 메는 말의 외양간은
사천이요 마병은 만 이천 명이라 병
거성에도 두고 예루살렘 왕에게도
두었으며
26 솔로몬이 유브라데 강에서부터 블
레셋 땅과 애굽 지경까지의 모든
왕을 다스렸으며
27 왕이 예루살렘에서 은을 돌 같이
흔하게 하고 백향목을 평지의 뽕나
무 같이 많게 하였더라
28 솔로몬을 위하여 애굽과 각국에서
말들을 가져왔더라
29 이 외에 솔로몬의 시종 행적은 선
지자 나단의 글과 실로 사람 아히
야의 예언과 선견자 잇도의 묵시
책 곧 잇도가 느밧의 아들 여로보
암에 대하여 쓴 책에 기록되지 아
니하였느냐
30 솔로몬이 예루살렘에서 온 이스라
엘을 다스린 지 사십 년이라
31 솔로몬이 그의 조상들과 함께 자매
그의 아버지 다윗의 성에 장사되고
그의 아들 르호보암이 대신하여 왕
이 되니라

10 르호보암이 세겜으로 갔으니 이
는 온 이스라엘이 그를 왕으로 삼

기록일 : . . .

고자 하여 세겜에 이르렀음이더라
2 느밧의 아들 여로보암이 전에 솔로
몬 왕의 낯을 피하여 애굽으로 도
망하여 있었더니 이 일을 듣고 여로
보암이 애굽에서부터 돌아오매
3 무리가 사람을 보내어 그를 불렀더
라 여로보암과 온 이스라엘이 와서
르호보암에게 말하여 이르되
4 왕의 아버지께서 우리의 멍에를 무
겁게 하였으나 왕은 이제 왕의 아
버지께서 우리에게 시킨 고역과 메
운 무거운 멍에를 가볍게 하소서
그리하시면 우리가 왕을 섬기겠나
이다
5 르호보암이 그들에게 대답하되 삼
일 후에 다시 내게로 오라 하매 백
성이 가니라
6 르호보암 왕이 그의 아버지 솔로몬
의 생전에 그 앞에 모셨던 원로들
과 의논하여 이르되 너희는 이 백
성에게 어떻게 대답하도록 권고하
겠느냐 하니
7 그들이 대답하여 이르되 왕이 만일
이 백성을 후대하여 기쁘게 하고
선한 말을 하시면 그들이 영원히 왕
의 종이 되리이다 하나
8 왕은 원로들이 가르치는 것을 버리
고 그 앞에 모시고 있는 자기와 함
께 자라난 젊은 신하들과 의논하여
9 이르되 너희는 이 백성에게 어떻
게 대답하도록 권고하겠느냐 백성
이 내게 말하기를 왕의 아버지께서
우리에게 메운 멍에를 가볍게 하라
하였느니라 하니
10 함께 자라난 젊은 신하들이 왕께
말하여 이르되 이 백성들이 왕께
아뢰기를 왕의 아버지께서 우리의
멍에를 무겁게 하였으나 왕은 우리
를 위하여 가볍게 하라 하였은즉
왕은 대답하시기를 내 새끼 손가락
이 내 아버지의 허리보다 굵으니
11 내 아버지가 너희에게 무거운 멍에
를 메게 하였으나 이제 나는 너희
의 멍에를 더욱 무겁게 할지라 내
아버지는 가죽 채찍으로 너희를 치
셨으나 나는 전갈 채찍으로 하리라
하소서 하더라
12 삼 일 만에 여로보암과 모든 백성
이 르호보암에게 나왔으니 이는 왕
이 명령하여 이르기를 삼 일 만에
내게로 다시 오라 하였음이라
13 왕이 포학한 말로 대답할새 르호보
암이 원로들의 가르침을 버리고
14 젊은 신하들의 가르침을 따라 그
들에게 말하여 이르되 내 아버지는
너희의 멍에를 무겁게 하였으나 나
는 더 무겁게 할지라 내 아버지는
가죽 채찍으로 너희를 치셨으나 나
는 전갈 채찍으로 치리라 하니라
15 왕이 이같이 백성의 말을 듣지 아니

기록일 : . . .

하였으니 이 일은 하나님께로 말미
암아 난 것이라 야훼께서 전에 실
로 사람 아히야로 하여금 느밧의
아들 여로보암에게 이르신 말씀을
응하게 하심이더라
16 온 이스라엘은 왕이 자기들의 말을
듣지 아니함을 보고 왕에게 대답하
여 이르되 우리가 다윗과 무슨 관
계가 있느냐 이새의 아들에게서 받
을 유산이 없도다 이스라엘아 각각
너희의 장막으로 돌아가라 다윗이
여 이제 너는 네 집이나 돌보라 하
고 온 이스라엘이 그들의 장막으로
돌아가니라
17 그러나 유다 성읍들에 사는 이스라
엘 자손들에게는 르호보암이 그들
의 왕이 되었더라
18 르호보암 왕이 역군의 감독 하도람
을 보냈더니 이스라엘 자손이 저를
돌로 쳐 죽인지라 르호보암 왕이
급히 수레에 올라 예루살렘으로 도
망하였더라
19 이에 이스라엘이 다윗의 집을 배반
하여 오늘날까지 이르니라

11

르호보암이 예루살렘에 이르러
유다와 베냐민 족속을 모으니 택한
용사가 십팔만 명이라 이스라엘과
싸워 나라를 회복하여 르호보암에
게 돌리려 하더니
2 야훼의 말씀이 하나님의 사람 스마
야에게 임하여 이르시되
3 솔로몬의 아들 유다 왕 르호보암과
유다와 베냐민에 속한 모든 이스라
엘 무리에게 말하여 이르기를
4 야훼께서 이같이 말씀하시기를 너
희는 올라가지 말라 너희 형제와
싸우지 말고 각기 집으로 돌아가라
이 일이 내게로 말미암아 난 것이라
하셨다 하라 하신지라 그들이 야훼
의 말씀을 듣고 돌아가고 여로보암
을 치러 가던 길에서 되돌아왔더라
5 르호보암이 예루살렘에 살면서 유
다 땅에 방비하는 성읍들을 건축하
였으니
6 곧 베들레헴과 에담과 드고아와
7 벧술과 소고와 아둘람과
8 가드와 마레사와 십과
9 아도라임과 라기스와 아세가와
10 소라와 아얄론과 헤브론이니 다 유
다와 베냐민 땅에 있어 견고한 성
읍들이라
11 르호보암이 그 방비하는 성읍들을
더욱 견고하게 하고 지휘관들을 그
가운데에 두고 양식과 기름과 포도
주를 저축하고
12 모든 성읍에 방패와 창을 두어 매
우 강하게 하니라 유다와 베냐민이
르호보암에게 속하였더라
13 온 이스라엘의 제사장들과 레위 사
람들이 그들의 모든 지방에서부터

기록일 : . . .

르호보암에게 돌아오되
14 레위 사람들이 자기들의 마을들과
산업을 떠나 유다와 예루살렘에 이
르렀으니 이는 여로보암과 그의 아
들들이 그들을 해임하여 여호와께 제
사장의 직분을 행하지 못하게 하고
15 여로보암이 여러 산당과 숫염소 우
상과 자기가 만든 송아지 우상을
위하여 친히 제사장들을 세움이라
16 이스라엘 모든 지파 중에 마음을
굳게 하여 이스라엘의 하나님 여호와
를 찾는 자들이 레위 사람들을 따
라 예루살렘에 이르러 그 조상
들의 하나님 여호와께 제사하고자 한
지라
17 그러므로 삼 년 동안 유다 나라를
도와 솔로몬의 아들 르호보암을 강
성하게 하였으니 이는 무리가 삼 년
동안을 다윗과 솔로몬의 길로 행하
였음이더라
18 르호보암이 다윗의 아들 여리못의
딸 마할랏을 아내로 삼았으니 마할
랏은 이새의 아들 엘리압의 딸 아
비하일의 소생이라
19 그가 아들들 곧 여우스와 스마랴와
사함을 낳았으며
20 그 후에 압살롬의 딸 마아가에게
장가 들었더니 그가 아비야와 앗대
와 시사와 슬로밋을 낳았더라
21 르호보암은 아내 열여덟 명과 첩
예순 명을 거느려 아들 스물여덟 명
과 딸 예순 명을 낳았으나 압살롬
의 딸 마아가를 모든 처첩보다 더
사랑하여
22 르호보암은 마아가의 아들 아비야
를 후계자로 세웠으니 이는 그의
형제들 가운데 지도자로 삼아 왕으
로 세우고자 함이었더라
23 르호보암이 지혜롭게 행하여 그의
모든 아들들을 유다와 베냐민의 온
땅 모든 견고한 성읍에 흩어 살게
하고 양식을 후하게 주고 아내를 많
이 구하여 주었더라

12 르호보암의 나라가 견고하고 세
력이 강해지매 그가 여호와의 율법을
버리니 온 이스라엘이 본받은지라
2 그들이 여호와께 범죄하였으므로 르
호보암 왕 제오년에 애굽 왕 시삭
이 예루살렘을 치러 올라오니
3 그에게 병거가 천이백 대요 마병이
육만 명이며 애굽에서 그와 함께
온 백성 곧 리비아와 숙과 구스 사
람이 헤아릴 수 없이 많더라
4 시삭이 유다의 견고한 성읍들을 빼
앗고 예루살렘에 이르니
5 그 때에 유다 방백들이 시삭의 일
로 예루살렘에 모였는지라 선지자
스마야가 르호보암과 방백들에게
나아와 이르되 여호와께서 이같이 말
씀하시기를 너희가 나를 버렸으므

기록일 : . . .

로 나도 너희를 버려 시삭의 손에
넘겼노라 하셨다 한지라
6 이에 이스라엘 방백들과 왕이 스스
로 겸비하여 이르되 야훼는 의로우
시다 하매
7 야훼께서 그들이 스스로 겸비함을
보신지라 야훼의 말씀이 스마야에
게 임하여 이르시되 그들이 스스로
겸비하였으니 내가 멸하지 아니하
고 저희를 조금 구원하여 나의 노
를 시삭의 손을 통하여 예루살렘에
쏟지 아니하리라
8 그러나 그들이 시삭의 종이 되어
나를 섬기는 것과 세상 나라들을
섬기는 것이 어떠한지 알게 되리라
하셨더라
9 애굽 왕 시삭이 올라와서 예루살렘
을 치고 야훼의 전 보물과 왕궁의
보물을 모두 빼앗고 솔로몬이 만든
금 방패도 빼앗은지라
10 르호보암 왕이 그 대신에 놋으로
방패를 만들어 궁문을 지키는 경호
책임자들의 손에 맡기매
11 왕이 야훼의 전에 들어갈 때마다
경호하는 자가 그 방패를 들고 갔
다가 경호실로 도로 가져갔더라
12 르호보암이 스스로 겸비하였고 유
다에 선한 일도 있으므로 야훼께서
노를 돌이키사 다 멸하지 아니하셨
더라
13 르호보암 왕은 예루살렘에서 스스
로 세력을 굳게 하여 다스리니라
르호보암이 왕위에 오를 때에 나이
가 사십일 세라 예루살렘 곧 야훼
께서 이스라엘의 모든 지파 중에서
택하여 그의 이름을 두신 성에서 십
칠 년 동안 다스리니라 르호보암의
어머니의 이름은 나아마요 암몬 여
인이더라
14 르호보암이 악을 행하였으니 이는
그가 야훼를 구하는 마음을 굳게
하지 아니함이었더라
15 르호보암의 처음부터 끝까지의 행
적은 선지자 스마야와 선견자 잇도
의 족보책에 기록되지 아니하였느
냐 르호보암과 여로보암 사이에 항
상 전쟁이 있으니라
16 르호보암이 그의 조상들과 함께 누
우매 다윗 성에 장사되고 그의 아
들 아비야가 그를 대신하여 왕이
되니라

13

여로보암 왕 열여덟째 해에 아비
야가 유다의 왕이 되고
2 예루살렘에서 삼 년 동안 다스리니
라 그의 어머니의 이름은 미가야요
기브아 사람 우리엘의 딸이더라 아
비야가 여로보암과 더불어 싸울새
3 아비야는 싸움에 용감한 군사 사십
만 명을 택하여 싸움을 준비하였고
여로보암은 큰 용사 팔십만 명을

기록일 : . . .

택하여 그와 대진한지라
4 아비야가 에브라임 산 중 스마라임
산 위에 서서 이르되 여로보암과
이스라엘 무리들아 다 들으라
5 이스라엘 하나님 야훼께서 소금 언
약으로 이스라엘 나라를 영원히 다
윗과 그의 자손에게 주신 것을 너
희가 알 것 아니냐
6 다윗의 아들 솔로몬의 신하 느밧의
아들 여로보암이 일어나 자기의 주
를 배반하고
7 난봉꾼과 잡배가 모여 따르므로 스
스로 강하게 되어 솔로몬의 아들
르호보암을 대적하였으나 그 때에
르호보암이 어리고 마음이 연약하
여 그들의 입을 능히 막지 못하였었
느니라
8 이제 너희가 또 다윗 자손의 손으
로 다스리는 야훼의 나라를 대적하
려 하는도다 너희는 큰 무리요 또
여로보암이 너희를 위하여 신으로
만든 금송아지들이 너희와 함께 있
도다
9 너희가 아론 자손인 야훼의 제사장
들과 레위 사람들을 쫓아내고 이방
백성들의 풍속을 따라 제사장을 삼
지 아니하였느냐 누구를 막론하고
어린 수송아지 한 마리와 숫양 일
곱 마리를 끌고 와서 장립을 받고
자 하는 자마다 허무한 신들의 제
사장이 될 수 있도다
10 우리에게는 야훼께서 우리 하나님
이 되시니 우리가 그를 배반하지
아니하였고 야훼를 섬기는 제사장
들이 있으니 아론의 자손이요 또
레위 사람들이 수종 들어
11 매일 아침 저녁으로 야훼 앞에 번
제를 드리며 분향하고 또 깨끗한
상에 진설병을 놓고 또 금 등잔대
가 있어 그 등에 저녁마다 불을 켜
나니 우리는 우리 하나님 야훼의
계명을 지키나 너희는 그를 배반하
였느니라
12 하나님이 우리와 함께 하사 우리의
머리가 되시고 그의 제사장들도 우
리와 함께 하여 전쟁의 나팔을 불
어 너희를 공격하느니라 이스라엘
자손들아 너희 조상들의 하나님 야
훼와 싸우지 말라 너희가 형통하지
못하리라
13 여로보암이 유다의 뒤를 둘러 복병
하였으므로 그 앞에는 이스라엘 사
람들이 있고 그 뒤에는 복병이 있
는지라
14 유다 사람이 뒤를 돌아보고 자기 앞
뒤의 적병으로 말미암아 야훼께 부
르짖고 제사장들은 나팔을 부니라
15 유다 사람이 소리 지르매 유다 사
람이 소리 지를 때에 하나님이 여
로보암과 온 이스라엘을 아비야와

유다 앞에서 치시니
16 이스라엘 자손이 유다 앞에서 도망
하는지라 하나님이 그들의 손에 넘
기셨으므로
17 아비야와 그의 백성이 크게 무찌르
니 이스라엘이 택한 병사들이 죽임
을 당하고 엎드러진 자들이 오십만
명이었더라
18 그 때에 이스라엘 자손이 항복하고
유다 자손이 이겼으니 이는 그들이
그들의 조상들의 하나님 야훼를 의
지하였음이라
19 아비야가 여로보암을 쫓아가서 그
의 성읍들을 빼앗았으니 곧 벧엘과
그 동네들과 여사나와 그 동네들과
에브론과 그 동네들이라
20 아비야 때에 여로보암이 다시 강
성하지 못하고 야훼의 치심을 입어
죽었고
21 아비야는 점점 강성하며 아내 열넷
을 거느려 아들 스물둘과 딸 열여
섯을 낳았더라
22 아비야의 남은 사적과 그의 행위와
그의 말은 선지자 잇도의 주석 책
에 기록되니라
14 아비야가 그의 조상들과 함께 누
우매 다윗 성에 장사되고 그의 아
들 아사가 대신하여 왕이 되니 그
의 시대에 그의 땅이 십 년 동안 평
안하니라
2 아사가 그의 하나님 야훼 보시기에
선과 정의를 행하여
3 이방 제단과 산당을 없애고 주상을
깨뜨리며 아세라 상을 찍고
4 유다 사람에게 명하여 그 조상들의
하나님 야훼를 찾게 하며 그의 율
법과 명령을 행하게 하고
5 또 유다 모든 성읍에서 산당과 태
양상을 없애매 나라가 그 앞에서
평안함을 누리니라
6 야훼께서 아사에게 평안을 주셨으
므로 그 땅이 평안하여 여러 해 싸
움이 없은지라 그가 견고한 성읍들
을 유다에 건축하니라
7 아사가 일찍이 유다 사람에게 이르
되 우리가 우리 하나님 야훼를 찾
았으므로 이 땅이 아직 우리 앞에
있나니 우리가 이 성읍들을 건축하
고 그 주위에 성곽과 망대와 문과
빗장을 만들자 우리가 주를 찾았
으므로 주께서 우리 사방에 평안을
주셨느니라 하고 이에 그들이 성읍
을 형통하게 건축하였더라
8 아사의 군대는 유다 중에서 큰 방
패와 창을 잡는 자가 삼십만 명이
요 베냐민 중에서 작은 방패를 잡
으며 활을 당기는 자가 이십팔만
명이라 그들은 다 큰 용사였더라
9 구스 사람 세라가 그들을 치려 하
여 군사 백만 명과 병거 삼백 대를

기록일 : . . .

거느리고 마레사에 이르매
10 아사가 마주 나가서 마레사의 스바
다 골짜기에 전열을 갖추고
11 아사가 그의 하나님 여호와께 부르짖
어 이르되 여호와여 힘이 강한 자와
약한 자 사이에는 주밖에 도와 줄
이가 없사오니 우리 하나님 여호와여
우리를 도우소서 우리가 주를 의지
하오며 주의 이름을 의탁하옵고 이
많은 무리를 치러 왔나이다 여호와여
주는 우리 하나님이시오니 원하건
대 사람이 주를 이기지 못하게 하
옵소서 하였더니
12 여호와께서 구스 사람들을 아사와 유
다 사람들 앞에서 치시니 구스 사
람들이 도망하는지라
13 아사와 그와 함께 한 백성이 구스
사람들을 추격하여 그랄까지 이르
매 이에 구스 사람들이 엎드러지고
살아 남은 자가 없었으니 이는 여
호와 앞에서와 그의 군대 앞에서 패
망하였음이라 노략한 물건이 매우
많았더라
14 여호와께서 그랄 사면 모든 성읍 백
성을 두렵게 하시니 무리가 그의
모든 성읍을 치고 그 가운데에 있
는 많은 물건을 노략하고
15 또 짐승 지키는 천막을 치고 양과
낙타를 많이 이끌고 예루살렘으로
돌아왔더라

15
하나님의 영이 오뎃의 아들 아사
랴에게 임하시매
2 그가 나가서 아사를 맞아 이르되
아사와 및 유다와 베냐민의 무리들
아 내 말을 들으라 너희가 여호와와
함께 하면 여호와께서 너희와 함께
하실지라 너희가 만일 그를 찾으면
그가 너희와 만나게 되시려니와 너
희가 만일 그를 버리면 그도 너희
를 버리시리라
3 이스라엘에는 참 신이 없고 가르치
는 제사장도 없고 율법도 없은 지
가 오래 되었으나
4 그들이 그 환난 때에 이스라엘 하
나님 여호와께로 돌아가서 찾으매 그
가 그들과 만나게 되셨나니
5 그 때에 온 땅의 모든 주민이 크게
요란하여 사람의 출입이 평안하지
못하며
6 이 나라와 저 나라가 서로 치고 이
성읍이 저 성읍과 또한 그러하여 피
차 상한 바 되었나니 이는 하나님
이 여러 가지 고난으로 요란하게
하셨음이라
7 그런즉 너희는 강하게 하라 너희의
손이 약하지 않게 하라 너희 행위
에는 상급이 있음이라 하니라
8 아사가 이 말 곧 선지자 오뎃의 예
언을 듣고 마음을 강하게 하여 가
증한 물건들을 유다와 베냐민 온

기록일 : . . .

땅에서 없애고 또 에브라임 산지에
서 빼앗은 성읍들에서도 없애고 또
야훼의 낭실 앞에 있는 야훼의 제
단을 재건하고
9 또 유다와 베냐민의 무리를 모으
고 에브라임과 므낫세와 시므온 가
운데에서 나와서 저희 중에 머물러
사는 자들을 모았으니 이는 이스라
엘 사람들이 아사의 하나님 야훼께
서 그와 함께 하심을 보고 아사에
게로 돌아오는 자가 많았음이더라
10 아사 왕 제십오년 셋째 달에 그들
이 예루살렘에 모이고
11 그 날에 노략하여 온 물건 중에서
소 칠백 마리와 양 칠천 마리로 야
훼께 제사를 지내고
12 또 마음을 다하고 목숨을 다하여
조상들의 하나님 야훼를 찾기로 언
약하고
13 이스라엘 하나님 야훼를 찾지 아니
하는 자는 대소 남녀를 막론하고
죽이는 것이 마땅하다 하고
14 무리가 큰 소리로 외치며 피리와 나
팔을 불어 야훼께 맹세하매
15 온 유다가 이 맹세를 기뻐한지라
무리가 마음을 다하여 맹세하고 뜻
을 다하여 야훼를 찾았으므로 야훼
께서도 그들을 만나 주시고 그들의
사방에 평안을 주셨더라
16 아사 왕의 어머니 마아가가 아세라
의 가증한 목상을 만들었으므로 아
사가 그의 태후의 자리를 폐하고
그의 우상을 찍고 빻아 기드론 시
냇가에서 불살랐으니
17 산당은 이스라엘 중에서 제하지 아
니하였으나 아사의 마음이 일평생
온전하였더라
18 그가 또 그의 아버지가 구별한 물
건과 자기가 구별한 물건 곧 은과
금과 그릇들을 하나님의 전에 드렸
더니
19 이 때부터 아사 왕 제삼십오년까지
다시는 전쟁이 없으니라

16 아사 왕 제삼십육년에 이스라엘
왕 바아사가 유다를 치러 올라와
서 라마를 건축하여 사람을 유다 왕
아사에게 왕래하지 못하게 하려 한
지라
2 아사가 야훼의 전 곳간과 왕궁 곳간
의 은금을 내어다가 다메섹에 사는
아람 왕 벤하닷에게 보내며 이르되
3 내 아버지와 당신의 아버지 사이에
와 같이 나와 당신 사이에 약조하
자 내가 당신에게 은금을 보내노
니 와서 이스라엘 왕 바아사와 세
운 약조를 깨뜨려 그가 나를 떠나
게 하라 하매
4 벤하닷이 아사 왕의 말을 듣고 그
의 군대 지휘관들을 보내어 이스라
엘 성읍들을 치되 이욘과 단과 아

기록일 : . . .

벨마임과 납달리의 모든 국고성들
을 쳤더니
5 바아사가 듣고 라마 건축하는 일을
포기하고 그 공사를 그친지라
6 아사 왕이 온 유다 무리를 거느리
고 바아사가 라마를 건축하던 돌과
재목을 운반하여다가 게바와 미스
바를 건축하였더라
7 그 때에 선견자 하나니가 유다 왕
아사에게 나와서 그에게 이르되 왕
이 아람 왕을 의지하고 왕의 하나
님 야훼를 의지하지 아니하였으므
로 아람 왕의 군대가 왕의 손에서
벗어났나이다
8 구스 사람과 룹 사람의 군대가 크
지 아니하며 말과 병거가 심히 많지
아니하더이까 그러나 왕이 야훼를
의지하였으므로 야훼께서 왕의 손
에 넘기셨나이다
9 야훼의 눈은 온 땅을 두루 감찰하
사 전심으로 자기에게 향하는 자들
을 위하여 능력을 베푸시나니 이 일
은 왕이 망령되이 행하였은즉 이
후부터는 왕에게 전쟁이 있으리이
다 하매
10 아사가 노하여 선견자를 옥에 가두
었으니 이는 그의 말에 크게 노하
였음이며 그 때에 아사가 또 백성
중에서 몇 사람을 학대하였더라
11 아사의 처음부터 끝까지의 행적은
유다와 이스라엘 열왕기에 기록되
니라
12 아사가 왕이 된 지 삼십구 년에 그
의 발이 병들어 매우 위독했으나 병
이 있을 때에 그가 야훼께 구하지
아니하고 의원들에게 구하였더라
13 아사가 왕위에 있은 지 사십일 년
후에 죽어 그의 조상들과 함께 누
우매
14 다윗 성에 자기를 위하여 파 두었
던 묘실에 무리가 장사하되 그의
시체를 법대로 만든 각양 향 재료
를 가득히 채운 상에 두고 또 그것
을 위하여 많이 분향하였더라
17 아사의 아들 여호사밧이 대신하
여 왕이 되어 스스로 강하게 하여
이스라엘을 방어하되
2 유다 모든 견고한 성읍에 군대를
주둔시키고 또 유다 땅과 그의 아
버지 아사가 정복한 에브라임 성읍
들에 영문을 두었더라
3 야훼께서 여호사밧과 함께 하셨으
니 이는 그가 그의 조상 다윗의 처
음 길로 행하여 바알들에게 구하지
아니하고
4 오직 그의 아버지의 하나님께 구하
며 그의 계명을 행하고 이스라엘의
행위를 따르지 아니하였음이라
5 그러므로 야훼께서 나라를 그의 손
에서 견고하게 하시매 유다 무리가

기록일 : . . .

여호사밧에게 예물을 드렸으므로
그가 부귀와 영광을 크게 떨쳤더라
6 그가 전심으로 야훼의 길을 걸어
산당들과 아세라 목상들도 유다에
서 제거하였더라
7 그가 왕위에 있은 지 삼 년에 그의
방백들 벤하일과 오바댜와 스가랴
와 느다넬과 미가야를 보내어 유다
여러 성읍에 가서 가르치게 하고
8 또 그들과 함께 레위 사람 스마야
와 느다냐와 스바댜와 아사헬과
스미라못과 여호나단과 아도니야
와 도비야와 도바도니야 등 레위
사람들을 보내고 또 저희와 함께
제사장 엘리사마와 여호람을 보내
었더니
9 그들이 야훼의 율법책을 가지고 유
다에서 가르치되 그 모든 유다 성
읍들로 두루 다니며 백성들을 가르
쳤더라
10 야훼께서 유다 사방의 모든 나라에
두려움을 주사 여호사밧과 싸우지
못하게 하시매
11 블레셋 사람들 중에서는 여호사밧
에게 예물을 드리며 은으로 조공을
바쳤고 아라비아 사람들도 짐승 떼
곧 숫양 칠천칠백 마리와 숫염소 칠
천칠백 마리를 드렸더라
12 여호사밧이 점점 강대하여 유다에
견고한 요새와 국고성을 건축하고
13 유다 여러 성에 공사를 많이 하고
또 예루살렘에 크게 용맹스러운 군
사를 두었으니
14 군사의 수효가 그들의 족속대로 이
러하니라 유다에 속한 천부장 중에
는 아드나가 으뜸이 되어 큰 용사
삼십만 명을 거느렸고
15 그 다음은 지휘관 여호하난이니 이
십팔만 명을 거느렸고
16 그 다음은 시그리의 아들 아마시야
니 그는 자기를 야훼께 즐거이 드
린 자라 큰 용사 이십만 명을 거느
렸고
17 베냐민에 속한 자 중에 큰 용사 엘
리아다는 활과 방패를 잡은 자 이
십만 명을 거느렸고
18 그 다음은 여호사밧이라 싸움을 준
비한 자 십팔만 명을 거느렸으니
19 이는 다 왕을 모시는 자요 이 외에
또 온 유다 견고한 성읍들에 왕이
군사를 두었더라

18 여호사밧이 부귀와 영광을 크게
떨쳤고 아합 가문과 혼인함으로 인
척 관계를 맺었더라
2 이 년 후에 그가 사마리아의 아합
에게 내려갔더니 아합이 그와 시종
을 위하여 양과 소를 많이 잡고 함
께 가서 길르앗 라못 치기를 권하
였더라
3 이스라엘 왕 아합이 유다 왕 여호

기록일 : . . .

사밧에게 이르되 당신이 나와 함
께 길르앗 라못으로 가시겠느냐 하
니 여호사밧이 대답하되 나는 당신
과 다름이 없고 내 백성은 당신의
백성과 다름이 없으니 당신과 함께
싸우리이다 하는지라
4 여호사밧이 또 이스라엘 왕에게 이
르되 청하건대 먼저 야훼의 말씀
이 어떠하신지 오늘 물어 보소서
하더라
5 이스라엘 왕이 이에 선지자 사백 명
을 모으고 그들에게 이르되 우리가
길르앗 라못에 가서 싸우랴 말랴
하니 그들이 이르되 올라가소서 하
나님이 그 성읍을 왕의 손에 붙이
시리이다 하더라
6 여호사밧이 이르되 이 외에 우리가
물을 만한 야훼의 선지자가 여기
있지 아니하니이까 하니
7 이스라엘 왕이 여호사밧에게 이르
되 아직도 이믈라의 아들 미가야
한 사람이 있으니 그로 말미암아
야훼께 물을 수 있으나 그는 나에
대하여 좋은 일로는 예언하지 아니
하고 항상 나쁜 일로만 예언하기로
내가 그를 미워하나이다 하더라 여
호사밧이 이르되 왕은 그런 말씀을
마소서 하니
8 이스라엘 왕이 한 내시를 불러 이
르되 이믈라의 아들 미가야를 속히
오게 하라 하니라
9 이스라엘 왕과 유다 왕 여호사밧이
왕복을 입고 사마리아 성문 어귀 광
장에서 각기 보좌에 앉았고 여러 선
지자들이 그 앞에서 예언을 하는데
10 그나아나의 아들 시드기야는 철로
뿔들을 만들어 가지고 말하되 야훼
께서 이같이 말씀하시기를 왕이 이
것들로 아람 사람을 찔러 진멸하리
라 하셨다 하고
11 여러 선지자들도 그와 같이 예언하
여 이르기를 길르앗 라못으로 올라
가서 승리를 거두소서 야훼께서 그
성읍을 왕의 손에 넘기시리이다 하
더라
12 미가야를 부르러 간 사자가 그에게
말하여 이르되 선지자들의 말이 하
나 같이 왕에게 좋게 말하니 청하
건대 당신의 말도 그들 중 한 사람
처럼 좋게 말하소서 하니
13 미가야가 이르되 야훼께서 살아 계
심을 두고 맹세하노니 내 하나님께
서 말씀하시는 것 곧 그것을 내가
말하리라 하고
14 이에 왕에게 이르니 왕이 그에게
이르되 미가야야 우리가 길르앗 라
못으로 싸우러 가랴 말랴 하는지라
이르되 올라가서 승리를 거두소서
그들이 왕의 손에 넘긴 바 되리이
다 하니

기록일 : . . .

15 왕이 그에게 이르되 야훼의 이름
으로 진실한 것 이외에는 아무것도
말하지 말라고 내가 몇 번이나 네
게 맹세하게 하여야 하겠느냐 하니
16 그가 이르되 내가 보니 온 이스라
엘이 목자 없는 양 같이 산에 흩어
졌는데 야훼의 말씀이 이 무리가
주인이 없으니 각각 평안히 자기들
의 집으로 돌아갈 것이니라 하셨나
이다 하는지라
17 이스라엘 왕이 여호사밧에게 이르
되 저 사람이 내게 대하여 좋은 일
로 예언하지 아니하고 나쁜 일로만
예언할 것이라고 당신에게 말씀하
지 아니하였나이까 하더라
18 미가야가 이르되 그런즉 왕은 야훼
의 말씀을 들으소서 내가 보니 야
훼께서 그의 보좌에 앉으셨고 하
늘의 만군이 그의 좌우편에 모시고
섰는데
19 야훼께서 말씀하시기를 누가 이스
라엘 왕 아합을 꾀어 그에게 길르
앗 라못에 올라가서 죽게 할까 하
시니 하나는 이렇게 하겠다 하고
하나는 저렇게 하겠다 하였는데
20 한 영이 나와서 야훼 앞에 서서 말
하되 내가 그를 꾀겠나이다 하니
야훼께서 그에게 이르시되 어떻게
하겠느냐 하시니
21 그가 이르되 내가 나가서 거짓말하
는 영이 되어 그의 모든 선지자들
의 입에 있겠나이다 하니 야훼께서
이르시되 너는 꾀겠고 또 이루리라
나가서 그리하라 하셨은즉
22 이제 보소서 야훼께서 거짓말하는
영을 왕의 이 모든 선지자들의 입에
넣으셨고 또 야훼께서 왕에게 대하
여 재앙을 말씀하셨나이다 하니
23 그나아나의 아들 시드기야가 가까
이 와서 미가야의 뺨을 치며 이르
되 야훼의 영이 나를 떠나 어디로
가서 네게 말씀하더냐 하는지라
24 미가야가 이르되 네가 골방에 들어
가서 숨는 바로 그 날에 보리라 하
더라
25 이스라엘 왕이 이르되 미가야를 잡
아 시장 아몬과 왕자 요아스에게로
끌고 돌아가서
26 왕이 이같이 말하기를 이 놈을 옥
에 가두고 내가 평안히 돌아올 때
까지 고난의 떡과 고난의 물을 먹
게 하라 하셨나이다 하니
27 미가야가 이르되 왕이 참으로 평안
히 돌아오시게 된다면 야훼께서 내
게 말씀하지 아니하셨으리이다 하
고 또 이르되 너희 백성들아 다 들
을지어다 하니라
28 이스라엘 왕과 유다 왕 여호사밧이
길르앗 라못으로 올라가니라
29 이스라엘 왕이 여호사밧에게 이르

기록일 : . . .

되 나는 변장하고 전쟁터로 들어가
려 하노니 당신은 왕복을 입으소서
하고 이스라엘 왕이 변장하고 둘이
전쟁터로 들어가니라
30 아람 왕이 그의 병거 지휘관들에게
이미 명령하여 이르기를 너희는 작
은 자나 큰 자나 더불어 싸우지 말
고 오직 이스라엘 왕하고만 싸우라
한지라
31 병거의 지휘관들이 여호사밧을 보
고 이르되 이가 이스라엘 왕이라 하
고 돌아서서 그와 싸우려 한즉 여호
사밧이 소리를 지르매 야훼께서 그
를 도우시며 하나님이 그들을 감동
시키사 그를 떠나가게 하신지라
32 병거의 지휘관들이 그가 이스라엘
왕이 아님을 보고 추격을 그치고
돌아갔더라
33 한 사람이 무심코 활을 당겨 이스라
엘 왕의 갑옷 솔기를 쏜지라 왕이
그의 병거 모는 자에게 이르되 내가
부상하였으니 네 손을 돌려 나를 진
중에서 나가게 하라 하였으나
34 이 날의 전쟁이 맹렬하였으므로 이
스라엘 왕이 병거에서 겨우 지탱하
여 저녁 때까지 아람 사람을 막다
가 해가 질 즈음에 죽었더라

19

유다 왕 여호사밧이 평안히 예루
살렘에 돌아와서 그의 궁으로 들어
가니라
2 하나니의 아들 선견자 예후가 나가
서 여호사밧 왕을 맞아 이르되 왕
이 악한 자를 돕고 야훼를 미워하
는 자들을 사랑하는 것이 옳으니이
까 그러므로 야훼께로부터 진노하
심이 왕에게 임하리이다
3 그러나 왕에게 선한 일도 있으니 이
는 왕이 아세라 목상들을 이 땅에
서 없애고 마음을 기울여 하나님을
찾음이니이다 하였더라
4 여호사밧이 예루살렘에 살더니 다
시 나가서 브엘세바에서부터 에브
라임 산지까지 민간에 두루 다니며
그들을 그들의 조상들의 하나님 야
훼께로 돌아오게 하고
5 또 유다 온 나라의 견고한 성읍에
재판관을 세우되 성읍마다 있게
하고
6 재판관들에게 이르되 너희가 재판
하는 것이 사람을 위하여 할 것인지
야훼를 위하여 할 것인지를 잘 살
피라 너희가 재판할 때에 야훼께서
너희와 함께 하심이니라
7 그런즉 너희는 야훼를 두려워하는
마음으로 삼가 행하라 우리의 하나
님 야훼께서는 불의함도 없으시고
치우침도 없으시고 뇌물을 받는 일
도 없으시니라 하니라
8 여호사밧이 또 예루살렘에서 레위
사람들과 제사장들과 이스라엘 족

기록일 : . . .

장들 중에서 사람을 세워 야훼께
속한 일과 예루살렘 주민의 모든
송사를 재판하게 하고
9 그들에게 명령하여 이르되 너희는
진실과 성심을 다하여 야훼를 경외
하라
10 어떤 성읍에 사는 너희 형제가 혹
피를 흘림이나 혹 율법이나 계명이
나 율례나 규례로 말미암아 너희에
게 와서 송사하거든 어떤 송사든지
그들에게 경고하여 야훼께 죄를 범
하지 않게 하여 너희와 너희 형제에
게 진노하심이 임하지 말게 하라 너
희가 이렇게 행하면 죄가 없으리라
11 야훼께 속한 모든 일에는 대제사장
아마랴가 너희를 다스리고 왕에게
속한 모든 일은 유다 지파의 어른
이스마엘의 아들 스바댜가 다스리
고 레위 사람들은 너희 앞에 관리
가 되리라 너희는 힘써 행하라 야
훼께서 선한 자와 함께 하실지로다
하니라

20 그 후에 모압 자손과 암몬 자손
들이 마온 사람들과 함께 와서 여
호사밧을 치고자 한지라
2 어떤 사람이 와서 여호사밧에게 전
하여 이르되 큰 무리가 바다 저쪽
아람에서 왕을 치러 오는데 이제
하사손다말 곧 엔게디에 있나이다
하니
3 여호사밧이 두려워하여 야훼께로
낯을 향하여 간구하고 온 유다 백
성에게 금식하라 공포하매
4 유다 사람이 야훼께 도우심을 구하
려 하여 유다 모든 성읍에서 모여
와서 야훼께 간구하더라
5 여호사밧이 야훼의 전 새 뜰 앞에
서 유다와 예루살렘의 회중 가운데
서서
6 이르되 우리 조상들의 하나님 야훼
여 주는 하늘에서 하나님이 아니시
니이까 이방 사람들의 모든 나라
를 다스리지 아니하시나이까 주의
손에 권세와 능력이 있사오니 능히
주와 맞설 사람이 없나이다
7 우리 하나님이시여 전에 이 땅 주민
을 주의 백성 이스라엘 앞에서 쫓
아내시고 그 땅을 주께서 사랑하시
는 아브라함의 자손에게 영원히 주
지 아니하셨나이까
8 그들이 이 땅에 살면서 주의 이름
을 위하여 한 성소를 주를 위해 건
축하고 이르기를
9 만일 재앙이나 난리나 견책이나 전
염병이나 기근이 우리에게 임하면
주의 이름이 이 성전에 있으니 우
리가 이 성전 앞과 주 앞에 서서 이
환난 가운데에서 주께 부르짖은즉
들으시고 구원하시리라 하였나이다
10 옛적에 이스라엘이 애굽 땅에서 나

기록일 : . . .

올 때에 암몬 자손과 모압 자손과
세일 산 사람들을 침노하기를 주께
서 용납하지 아니하시므로 이에 치
우쳐 그들을 떠나고 멸하지 아니하였
거늘
11 이제 그들이 우리에게 갚는 것을
보옵소서 그들이 와서 주께서 우리
에게 주신 주의 기업에서 우리를 쫓
아내고자 하나이다
12 우리 하나님이여 그들을 징벌하지
아니하시나이까 우리를 치러 오는
이 큰 무리를 우리가 대적할 능력이
없고 어떻게 할 줄도 알지 못하옵
고 오직 주만 바라보나이다 하고
13 유다 모든 사람들은 그들의 아기와
아내와 자녀와 더불어 여호와 앞에
섰더라
14 여호와의 영이 회중 가운데에서 레위
사람 야하시엘에게 임하셨으니 그
는 아삽 자손 맛다냐의 현손이요
여이엘의 증손이요 브나야의 손자
요 스가랴의 아들이더라
15 야하시엘이 이르되 온 유다와 예루
살렘 주민들과 여호사밧 왕이여 들을
지어다 여호와께서 이같이 너희에게
말씀하시기를 너희는 이 큰 무리로
말미암아 두려워하거나 놀라지 말
라 이 전쟁은 너희에게 속한 것이
아니요 하나님께 속한 것이니라
16 내일 너희는 그들에게로 내려가라
그들이 시스 고개로 올라올 때에
너희가 골짜기 어귀 여루엘 들 앞에
서 그들을 만나려니와
17 이 전쟁에는 너희가 싸울 것이 없
나니 대열을 이루고 서서 너희와 함
께 한 여호와가 구원하는 것을 보라
유다와 예루살렘아 너희는 두려워하
며 놀라지 말고 내일 그들을 맞서
나가라 여호와가 너희와 함께 하리
라 하셨느니라 하매
18 여호사밧이 몸을 굽혀 얼굴을 땅에
대니 온 유다와 예루살렘 주민들도
여호와 앞에 엎드려 여호와께 경배
19 고핫 자손과 고라 자손에게 속한
레위 사람들은 서서 심히 큰 소리
로 이스라엘 하나님 여호와를 찬송하
니라
20 이에 백성들이 일찍이 일어
나서 드고아 들로 나가니라 나갈
때에 여호사밧이 서서 이르되 유다
와 예루살렘 주민들아 내 말을 들
을지어다 너희는 너희 하나님 여호와
를 신뢰하라 그리하면 견고히 서리
라 그의 선지자들을 신뢰하라 그리
하면 형통하리라 하고
21 백성과 더불어 의논하고 노래하는
자들을 택하여 거룩한 예복을 입히
고 군대 앞에서 행진하며 여호와를
찬송하여 이르기를 여호와께 감사하
세 그의 인자하심이 영원하도다 하

기록일 : . . .

게 하였더니
22 그 노래와 찬송이 시작될 때에 야
훼께서 복병을 두어 유다를 치러
온 암몬 자손과 모압과 세일 산 주
민들을 치게 하시므로 그들이 패하
였으니
23 곧 암몬과 모압 자손이 일어나 세
일 산 주민들을 쳐서 진멸하고 세일
주민들을 멸한 후에는 그들이 서로
쳐죽였더라
24 유다 사람이 들 망대에 이르러 그
무리를 본즉 땅에 엎드러진 시체들
뿐이요 한 사람도 피한 자가 없는
지라
25 여호사밧과 그의 백성이 가서 적군
의 물건을 탈취할새 본즉 그 가운
데에 재물과 의복과 보물이 많이
있으므로 각기 탈취하는데 그 물건
이 너무 많아 능히 가져갈 수 없을
만큼 많으므로 사흘 동안에 거두어
들이고
26 넷째 날에 무리가 브라가 골짜기에
모여서 거기서 야훼를 송축한지라
그러므로 오늘날까지 그 곳을 브라
가 골짜기라 일컫더라
27 유다와 예루살렘 모든 사람이 다시
여호사밧을 선두로 하여 즐겁게 예
루살렘으로 돌아왔으니 이는 야훼
께서 그들이 그 적군을 이김으로써
즐거워하게 하셨음이라
28 그들이 비파와 수금과 나팔을 합주
하고 예루살렘에 이르러 야훼의 전
에 나아가니라
29 이방 모든 나라가 야훼께서 이스라
엘의 적군을 치셨다 함을 듣고 하
나님을 두려워하므로
30 여호사밧의 나라가 태평하였으니
이는 그의 하나님이 사방에서 그들
에게 평강을 주셨음이더라
31 여호사밧이 유다의 왕이 되어 왕위
에 오를 때에 나이가 삼십오 세라
예루살렘에서 이십오 년 동안 다스
리니라 그의 어머니의 이름은 아수
바라 실히의 딸이더라
32 여호사밧이 그의 아버지 아사의 길
로 행하여 돌이켜 떠나지 아니하고
야훼 보시기에 정직하게 행하였으나
33 산당만은 철거하지 아니하였으므로
백성이 여전히 마음을 정하여 그들
의 조상들의 하나님께로 돌아오지
아니하였더라
34 이 외에 여호사밧의 시종 행적은
하나니의 아들 예후의 글에 다 기
록되었고 그 글은 이스라엘 열왕기
에 올랐더라
35 유다 왕 여호사밧이 나중에 이스
라엘 왕 아하시야와 교제하였는데
아하시야는 심히 악을 행하는 자였
더라
36 두 왕이 서로 연합하고 배를 만들

여 다시스로 보내고자 하여 에시온
게벨에서 배를 만들었더니
37 마레사 사람 도다와후의 아들 엘리
에셀이 여호사밧을 향하여 예언하
여 이르되 왕이 아하시야와 교제하
므로 야훼께서 왕이 지은 것들을 파
하시리라 하더니 이에 그 배들이 부
서져서 다시스로 가지 못하였더라

21

여호사밧이 그의 조상들과 함께
누우매 그의 조상들과 함께 다윗
성에 장사되고 그의 아들 여호람이
대신하여 왕이 되니라
2 여호사밧의 아들 여호람의 아우들
아사랴와 여히엘과 스가랴와 아사
랴와 미가엘과 스바댜는 다 유다
왕 여호사밧의 아들들이라
3 그의 아버지가 그들에게는 은금과
보물과 유다 견고한 성읍들을 선물
로 후히 주었고 여호람은 장자이므
로 왕위를 주었더니
4 여호람이 그의 아버지의 왕국을 다
스리게 되어 세력을 얻은 후에 그
의 모든 아우들과 이스라엘 방백들
중 몇 사람을 칼로 죽였더라
5 여호람이 왕위에 오를 때에 나이가
삼십이 세라 예루살렘에서 팔 년
동안 다스리니라
6 그가 이스라엘 왕들의 길로 행하
여 아합의 집과 같이 하였으니 이는
아합의 딸이 그의 아내가 되었음이
라 그가 야훼 보시기에 악을 행하
였으나
7 야훼께서 다윗의 집을 멸하기를 즐
겨하지 아니하셨음은 이전에 다윗
과 더불어 언약을 세우시고 또 다
윗과 그의 자손에게 항상 등불을
주겠다고 말씀하셨음이더라
8 여호람 때에 에돔이 배반하여 유
다의 지배하에서 벗어나 자기 위에
왕을 세우므로
9 여호람이 지휘관들과 모든 병거를
거느리고 출정하였더니 밤에 일어
나서 자기를 에워싼 에돔 사람과
그 병거의 지휘관들을 쳤더라
10 이와 같이 에돔이 배반하여 유다의
지배하에서 벗어났더니 오늘까지
그러하였으며 그 때에 립나도 배반
하여 여호람의 지배 하에서 벗어났
으니 이는 그가 그의 조상들의 하
나님 야훼를 버렸음이더라
11 여호람이 또 유다 여러 산에 산당
을 세워 예루살렘 주민으로 음행하
게 하고 또 유다를 미혹하게 하였
으므로
12 선지자 엘리야가 여호람에게 글을
보내어 이르되 왕의 조상 다윗의
하나님 야훼께서 이같이 말씀하시
기를 네가 네 아비 여호사밧의 길
과 유다 왕 아사의 길로 행하지 아
니하고

기록일 : . . .

13 오직 이스라엘 왕들의 길로 행하
여 유다와 예루살렘 주민들이 음행
하게 하기를 아합의 집이 음행하듯
하며 또 네 아비 집에서 너보다 착
한 아우들을 죽였으니
14 야훼가 네 백성과 네 자녀들과 네
아내들과 네 모든 재물을 큰 재앙
으로 치시리라
15 또 너는 창자에 중병이 들고 그 병
이 날로 중하여 창자가 빠져나오리
라 하셨다 하였더라
16 야훼께서 블레셋 사람들과 구스에
서 가까운 아라비아 사람들의 마음
을 격동시키사 여호람을 치게 하셨
으므로
17 그들이 올라와서 유다를 침략하여
왕궁의 모든 재물과 그의 아들들
과 아내들을 탈취하였으므로 막내
아들 여호아하스 외에는 한 아들도
남지 아니하였더라
18 이 모든 일 후에 야훼께서 여호람
을 치사 능히 고치지 못할 병이 그
창자에 들게 하셨으므로
19 여러 날 후 이 년 만에 그의 창자가
그 병으로 말미암아 빠져나오매 그
가 그 심한 병으로 죽으니 백성이
그들의 조상들에게 분향하던 것 같
이 그에게 분향하지 아니하였으며
20 여호람이 삼십이 세에 즉위하고 예
루살렘에서 팔 년 동안 다스리다가
아끼는 자 없이 세상을 떠났으며
무리가 그를 다윗 성에 장사하였으
나 열왕의 묘실에는 두지 아니하였
더라

22

예루살렘 주민이 여호람의 막내
아들 아하시야에게 왕위를 계승하
게 하였으니 이는 전에 아라비아
사람들과 함께 와서 진을 치던 부
대가 그의 모든 형들을 죽였음이라
그러므로 유다 왕 여호람의 아들
아하시야가 왕이 되었더라
2 아하시야가 왕이 될 때에 나이가
사십이 세라 예루살렘에서 일 년
동안 다스리니라 그의 어머니의 이
름은 아달랴요 오므리의 손녀더라
3 아하시야도 아합의 집 길로 행하였
으니 이는 그의 어머니가 꾀어 악
을 행하게 하였음이라
4 그의 아버지가 죽은 후에 그가 패
망하게 하는 아합의 집의 가르침을
따라 야훼 보시기에 아합의 집 같
이 악을 행하였더라
5 아하시야가 아합의 집의 가르침을
따라 이스라엘 왕 아합의 아들 요
람과 함께 길르앗 라못으로 가서
아람 왕 하사엘과 더불어 싸우더
니 아람 사람들이 요람을 상하게
한지라
6 요람이 아람 왕 하사엘과 싸울 때
에 라마에서 맞아 상한 것을 치료

기록일 : . . .

하려 하여 이스르엘로 돌아왔더라
아합의 아들 요람이 병이 있으므로
유다 왕 여호람의 아들 아사랴가
이스르엘에 내려가서 방문하였더라
7 아하시야가 요람에게 가므로 해를
입었으니 이는 하나님께로 말미암
은 것이라 아하시야가 갔다가 요람
과 함께 나가서 님시의 아들 예후
를 맞았으니 예후는 여호와께서 기름을
부으시고 아합의 집을 멸하게 하신
자이더라
8 예후가 아합의 집을 심판할
때에 유다 방백들과 아하
시야의 형제들의 아들들 곧 아하시
야를 섬기는 자들을 만나서 죽였고
9 아하시야는 사마리아에 숨었더니
예후가 찾으매 무리가 그를 예후에
게로 잡아다가 죽이고 이르기를 그
는 전심으로 여호와를 구하던 여호사
밧의 아들이라 하고 장사하였더라
이에 아하시야의 집이 약하여 왕위
를 힘으로 지키지 못하게 되니라
10 아하시야의 어머니 아달랴가 자기
의 아들이 죽은 것을 보고 일어나
유다 집의 왕국의 씨를 모두 진멸
하였으나
11 왕의 딸 여호사브앗이 아하시야의
아들 요아스를 왕자들이 죽임을 당
하는 중에서 몰래 빼내어 그와 그
의 유모를 침실에 숨겨 아달랴를 피
하게 하였으므로 아달랴가 그를 죽
이지 못하였더라 여호사브앗은 여
호람 왕의 딸이요 아하시야의 누이
요 제사장 여호야다의 아내이더라
12 요아스가 그들과 함께 하나님의 전
에 육 년을 숨어 있는 동안에 아달
랴가 나라를 다스렸더라

23

칠 년에 여호야다가 용기를 내
어 백부장 곧 여로함의 아들 아사
랴와 여호하난의 아들 이스마엘과
오벳의 아들 아사랴와 아다야의 아
들 마아세야와 시그리의 아들 엘리
사밧 등과 더불어 언약을 세우매
2 그들이 유다를 두루 다니며 유다
모든 고을에서 레위 사람들과 이스
라엘 족장들을 모아 예루살렘에 이
른지라
3 온 회중이 하나님의 전에서 왕과
언약을 세우매 여호야다가 무리에
게 이르되 여호와께서 다윗의 자손
에게 대하여 말씀하신 대로 왕자가
즉위하여야 할지니
4 이제 너희는 이와 같이 행하라 너
희 제사장들과 레위 사람들 곧 안
식일에 당번인 자들의 삼분의 일은
문을 지키고
5 삼분의 일은 왕궁에 있고 삼분의
일은 기초문에 있고 백성들은 여호와
의 전 뜰에 있을지라
6 제사장들과 수종 드는 레위 사람들

기록일 : . . .

은 거룩한즉 야훼의 전에 들어오려
니와 그 외의 다른 사람은 들어오
지 못할 것이니 모든 백성은 야훼
께 지켜야 할 바를 지킬지며
7 레위 사람들은 각각 손에 무기를
잡고 왕을 호위하며 다른 사람이
성전에 들어오거든 죽이고 왕이 출
입할 때에 경호할지니라 하니
8 레위 사람들과 모든 유다 사람들이
제사장 여호야다가 명령한 모든 것
을 준행하여 각기 수하에 안식일에
당번인 자와 안식일에 비번인 자들
을 거느리고 있었으니 이는 제사장
여호야다가 비번인 자들을 보내지
아니함이더라
9 제사장 여호야다가 하나님의 전 안
에 있는 다윗 왕의 창과 큰 방패와
작은 방패를 백부장들에게 주고
10 또 백성들에게 각각 손에 무기를
잡고 왕을 호위하되 성전 오른쪽에
서부터 성전 왼쪽까지 제단과 성전
곁에 서게 하고
11 무리가 왕자를 인도해 내어 면류관
을 씌우며 율법책을 주고 세워 왕
으로 삼을새 여호야다와 그의 아들
들이 그에게 기름을 붓고 이르기를
왕이여 만세 수를 누리소서 하니라
12 아달랴가 백성들이 뛰며 왕을 찬송
하는 소리를 듣고 야훼의 전에 들
어가서 백성에게 이르러
13 보매 왕이 성전 문 기둥 곁에 섰고
지휘관들과 나팔수들이 왕의 곁에
모셔 서 있으며 그 땅의 모든 백성
들이 즐거워하여 나팔을 불며 노래
하는 자들은 주악하며 찬송을 인도
하는지라 이에 아달랴가 그의 옷을
찢으며 외치되 반역이로다 반역이
로다 하매
14 제사장 여호야다가 군대를 거느린
백부장들을 불러내어 이르되 반열
밖으로 몰아내라 그를 따르는 자
는 칼로 죽이라 하니 제사장의 이
말은 야훼의 전에서는 그를 죽이지
말라 함이라
15 이에 무리가 그에게 길을 열어 주
고 그가 왕궁 말문 어귀에 이를 때
에 거기서 죽였더라
16 여호야다가 자기와 모든 백성과 왕
사이에 언약을 세워 야훼의 백성이
되리라 한지라
17 온 국민이 바알의 신당으로 가서
그 신당을 부수고 그의 제단들과
형상들을 깨뜨리고 그 제단 앞에서
바알의 제사장 맛단을 죽이니라
18 여호야다가 야훼의 전의 직원들을
세워 레위 제사장의 수하에 맡기니
이들은 다윗이 전에 그들의 반열을
나누어서 야훼의 전에서 모세의 율
법에 기록한 대로 야훼께 번제를
드리며 자기들의 정한 규례대로 즐

기록일 : . . .

거이 부르고 노래하게 하였던 자들
이더라
19 또 문지기를 여호와의 전 여러 문에
두어 무슨 일에든지 부정한 모든
자는 들어오지 못하게 하고
20 백부장들과 존귀한 자들과 백성의
방백들과 그 땅의 모든 백성을 거
느리고 왕을 인도하여 여호와의 전에
서 내려다 윗문으로 부터 왕궁에 이
르러 왕을 나라 보좌에 앉히매
21 그 땅의 모든 백성이 즐거워하고
성중이 평온하더라 아달랴를 무리
가 칼로 죽였었더라

24

요아스가 왕위에 오를 때에 나이
가 칠 세라 예루살렘에서 사십 년
동안 다스리니라 그의 어머니의 이
름은 시비아요 브엘세바 사람이더라
2 제사장 여호야다가 세상에 사는 모
든 날에 요아스가 여호와 보시기에
정직하게 행하였으며
3 여호야다가 그를 두 아내에게 장가
들게 하였더니 자녀를 낳았더라
4 그 후에 요아스가 여호와의 전을 보
수할 뜻을 두고
5 제사장들과 레위 사람들을 모으고
그들에게 이르되 너희는 유다 여러
성읍에 가서 모든 이스라엘에게 해
마다 너희의 하나님의 전을 수리할
돈을 거두되 그 일을 빨리 하라 하
였으나 레위 사람이 빨리 하지 아
니한지라
6 왕이 대제사장 여호야다를 불러 이
르되 네가 어찌하여 레위 사람들을
시켜서 여호와의 종 모세와 이스라엘
의 회중이 성막을 위하여 정한 세
를 유다와 예루살렘에서 거두게 하
지 아니하였느냐 하니
7 이는 그 악한 여인 아달랴의 아
들들이 하나님의 전을 파괴하고 또
여호와의 전의 모든 성물들을 바알들
을 위하여 사용하였음이었더라
8 이에 왕이 말하여 한 궤를 만들어
여호와의 전 문 밖에 두게 하고
9 유다와 예루살렘에 공포하여 하나
님의 종 모세가 광야에서 이스라엘
에게 정한 세를 여호와께 드리라 하
였더니
10 모든 방백들과 백성들이 기뻐하여
마치기까지 돈을 가져다가 궤에 던
지니라
11 레위 사람들이 언제든지 궤를 메
고 왕의 관리에게 가지고 가서 돈
이 많은 것을 보이면 왕의 서기관
과 대제사장에게 속한 관원이 와서
그 궤를 쏟고 다시 그 곳에 가져다
두었더라 때때로 이렇게 하여 돈을
많이 거두매
12 왕과 여호야다가 그 돈을 여호와의
전 감독자에게 주어 석수와 목수를
고용하여 여호와의 전을 보수하며 또

기록일 : . . .

철공과 놋쇠공을 고용하여 야훼의
전을 수리하게 하였더니
13 기술자들이 맡아서 수리하는 공사
가 점점 진척되므로 하나님의 전을
이전 모양대로 견고하게 하니라
14 공사를 마친 후에 그 남은 돈을 왕
과 여호야다 앞으로 가져왔으므로
그것으로 야훼의 전에 쓸 그릇을
만들었으니 곧 섬겨 제사 드리는
그릇이며 또 숟가락과 금은 그릇들
이라 여호야다가 세상에 사는 모든
날에 야훼의 전에 항상 번제를 드
렸더라
15 여호야다가 나이가 많고 늙어서 죽
으니 죽을 때에 백삼십 세라
16 무리가 다윗 성 여러 왕의 묘실 중
에 장사하였으니 이는 그가 이스라
엘과 하나님과 그의 성전에 대하여
선을 행하였음이더라
17 여호야다가 죽은 후에 유다 방백들
이 와서 왕에게 절하매 왕이 그들
의 말을 듣고
18 그의 조상들의 하나님 야훼의 전을
버리고 아세라 목상과 우상을 섬겼
으므로 그 죄로 말미암아 진노가
유다와 예루살렘에 임하니라
19 그러나 야훼께서 그들에게 선지자
를 보내사 다시 야훼에게로 돌아오
게 하려 하시매 선지자들이 그들에
게 경고하였으나 듣지 아니하니라
20 이에 하나님의 영이 제사장 여호야
다의 아들 스가랴를 감동시키시매
그가 백성 앞에 높이 서서 그들에
게 이르되 하나님이 이같이 말씀하
시기를 너희가 어찌하여 야훼의 명
령을 거역하여 스스로 형통하지 못
하게 하느냐 하셨나니 너희가 야훼
를 버렸으므로 야훼께서도 너희를
버리셨느니라 하나
21 무리가 함께 꾀하고 왕의 명령을
따라 그를 야훼의 전 뜰 안에서 돌
로 쳐죽였더라
22 요아스 왕이 이와 같이 스가랴의
아버지 여호야다가 베푼 은혜를 기
억하지 아니하고 그의 아들을 죽이
니 그가 죽을 때에 이르되 야훼는
감찰하시고 신원하여 주옵소서 하
니라
23 일 주년 말에 아람 군대가 요아스
를 치려고 올라와서 유다와 예루살
렘에 이르러 백성 중에서 모든 방
백들을 다 죽이고 노략한 물건을
다메섹 왕에게로 보내니라
24 아람 군대가 적은 무리로 왔으나
야훼께서 심히 큰 군대를 그들의
손에 넘기셨으니 이는 유다 사람들
이 그들의 조상들의 하나님 야훼를
버렸음이라 이와 같이 아람 사람들
이 요아스를 징벌하였더라
25 요아스가 크게 부상하매 적군이 그

를 버리고 간 후에 그의 신하들이
제사장 여호야다의 아들들의 피로
말미암아 반역하여 그를 그의 침상
에서 쳐죽인지라 다윗 성에 장사하
였으나 왕들의 묘실에는 장사하지
아니하였더라
26 반역한 자들은 암몬 여인 시므앗의
아들 사밧과 모압 여인 시므릿의
아들 여호사밧이더라
27 요아스의 아들들의 사적과 요아스
가 중대한 경책을 받은 것과 하나
님의 전을 보수한 사적은 다 열왕
기 주석에 기록되니라 그의 아들
아마사가 대신하여 왕이 되니라

25 아마사가 왕위에 오를 때에 나이
가 이십오 세라 예루살렘에서 이십
구 년 동안 다스리니라 그의 어머니
의 이름은 여호앗단이요 예루살렘
사람이더라
2 아마사가 야훼께서 보시기에 정직
하게 행하기는 하였으나 온전한 마
음으로 행하지 아니하였더라
3 그의 나라가 굳게 서매 그의 부왕
을 죽인 신하들을 죽였으나
4 그들의 자녀들은 죽이지 아니하였
으니 이는 모세의 율법책에 기록된
대로 함이라 곧 야훼께서 명령하여
이르시기를 자녀로 말미암아 아버
지를 죽이지 말 것이요 아버지로 말
미암아 자녀를 죽이지 말 것이라 오
직 각 사람은 자기의 죄로 말미암
아 죽을 것이니라 하셨더라
5 아마사가 유다 사람들을 모으고 그
여러 족속을 따라 천부장들과 백부
장들을 세우되 유다와 베냐민을 함
께 그리하고 이십 세 이상으로 계수
하여 창과 방패를 잡고 능히 전장에
나갈 만한 자 삼십만 명을 얻고
6 또 은 백 달란트로 이스라엘 나라
에서 큰 용사 십만 명을 고용하였
더니
7 어떤 하나님의 사람이 아마사에
게 나아와서 이르되 왕이여 이스라
엘 군대를 왕과 함께 가게 하지 마
옵소서 야훼께서는 이스라엘 곧 온
에브라임 자손과 함께 하지 아니하
시나니
8 왕이 만일 가시거든 힘써 싸우소서
하나님이 왕을 적군 앞에 엎드러지
게 하시리이다 하나님은 능히 돕기
도 하시고 능히 패하게도 하시나이
다 하니
9 아마사가 하나님의 사람에게 이르
되 내가 백 달란트를 이스라엘 군
대에게 주었으니 어찌할까 하나님
의 사람이 말하되 야훼께서 능히
이보다 많은 것을 왕에게 주실 수
있나이다 하니라
10 아마사가 이에 에브라임에서 자기
에게 온 군대를 나누어 그들의 고

기록일 : . . .

향으로 돌아가게 하였더니 그 무리
가 유다 사람에게 심히 노하여 분
연히 고향으로 돌아갔더라
11 아마샤가 담력을 내어 그의 백성을
거느리고 소금 골짜기에 이르러 세
일 자손 만 명을 죽이고
12 유다 자손이 또 만 명을 사로잡아
가지고 바위 꼭대기에 올라가서 거
기서 밀쳐 내려뜨려서 그들의 온 몸
이 부서지게 하였더라
13 아마샤가 자기와 함께 전장에 나가
지 못하게 하고 돌려보낸 군사들이
사마리아에서부터 벧호론까지 유다
성읍들을 약탈하고 사람 삼천 명을
죽이고 물건을 많이 노략하였더라
14 아마샤가 에돔 사람들을 죽이고 돌
아올 때에 세일 자손의 신들을 가
져와서 자기의 신으로 세우고 그것
들 앞에 경배하며 분향한지라
15 그러므로 야훼께서 아마샤에게 진
노하사 한 선지자를 그에게 보내시
니 그가 이르되 저 백성의 신들이
그들의 백성을 왕의 손에서 능히
구원하지 못하였거늘 왕은 어찌하
여 그 신들에게 구하나이까 하며
16 선지자가 아직 그에게 말할 때에
왕이 그에게 이르되 우리가 너를
왕의 모사로 삼았느냐 그치라 어찌
하여 맞으려 하느냐 하니 선지자가
그치며 이르되 왕이 이 일을 행하고
나의 경고를 듣지 아니하니 하나님
이 왕을 멸하시기로 작정하신 줄 아
노라 하였더라
17 유다 왕 아마샤가 상의하고 예후의
손자 여호아하스의 아들 이스라엘
왕 요아스에게 사신을 보내어 이르
되 오라 서로 대면하자 한지라
18 이스라엘 왕 요아스가 유다 왕 아마
샤에게 사람을 보내어 이르되 레바
논 가시나무가 레바논 백향목에게
전갈을 보내어 이르기를 네 딸을 내
아들에게 주어 아내로 삼게 하라 하
였더니 레바논 들짐승이 지나가다
가 그 가시나무를 짓밟았느니라
19 네가 에돔 사람들을 쳤다고 네 마
음이 교만하여 자긍하는도다 네 궁
에나 있으라 어찌하여 화를 자초하
여 너와 유다가 함께 망하고자 하
느냐 하나
20 아마샤가 듣지 아니하였으니 이는
하나님께로 말미암은 것이라 그들
이 에돔 신들에게 구하였으므로 그
대적의 손에 넘기려 하심이더라
21 이스라엘 왕 요아스가 올라와서 유
다 왕 아마샤와 더불어 유다의 벧
세메스에서 대면하였더니
22 유다가 이스라엘 앞에서 패하여 각
기 장막으로 도망한지라
23 이스라엘 왕 요아스가 벧세메스에
서 여호아하스의 손자 요아스의 아

기록일 : . . .

들 유다 왕 아마샤를 사로잡고 예
루살렘에 이르러 예루살렘 성벽을
에브라임 문에서부터 성 모퉁이 문
까지 사백 규빗을 헐고
24 또 하나님의 전 안에서 오벧에돔이
지키는 모든 금은과 그릇과 왕궁의
재물을 빼앗고 또 사람들을 볼모
로 잡아 가지고 사마리아로 돌아갔
더라
25 이스라엘 왕 요아하스의 아들 요아
스가 죽은 후에도 유다 왕 요아스
의 아들 아마샤가 십오 년 간 생존
하였더라
26 아마샤의 이 외의 처음부터 끝까지
의 행적은 유다와 이스라엘 열왕기
에 기록되지 아니하였느냐
27 아마샤가 돌아서서 야훼를 버린 후
로부터 예루살렘에서 무리가 그를
반역하였으므로 그가 라기스로 도
망하였더니 반역한 무리가 사람을
라기스로 따라 보내어 그를 거기서
죽이게 하고
28 그의 시체를 말에 실어다가 그의
조상들과 함께 유다 성읍에 장사하
였더라

26

유다 온 백성이 나이가 십육 세
된 웃시야를 세워 그의 아버지 아
마샤를 대신하여 왕으로 삼으니
2 아마샤 왕이 그의 열조들의 묘실에
누운 후에 웃시야가 엘롯을 건축하
여 유다에 돌렸더라
3 웃시야가 왕위에 오를 때에 나이
가 십육 세라 예루살렘에서 오십이
년 간 다스리니라 그의 어머니의
이름은 여골리아요 예루살렘 사람
이더라
4 웃시야가 그의 아버지 아마샤의 모
든 행위대로 야훼 보시기에 정직하
게 행하며
5 하나님의 묵시를 밝히 아는 스가랴
가 사는 날에 하나님을 찾았고 그
가 야훼를 찾을 동안에는 하나님이
형통하게 하셨더라
6 웃시야가 나가서 블레셋 사람들과
싸우고 가드 성벽과 야브네 성벽과
아스돗 성벽을 헐고 아스돗 땅과
블레셋 사람들 가운데에 성읍들을
건축하매
7 하나님이 그를 도우사 블레셋 사람
들과 구르바알에 거주하는 아라비
아 사람들과 마온 사람들을 치게
하신지라
8 암몬 사람들이 웃시야에게 조공을
바치매 웃시야가 매우 강성하여 이
름이 애굽 변방까지 퍼졌더라
9 웃시야가 예루살렘에서 성 모퉁이
문과 골짜기 문과 성굽이에 망대를
세워 견고하게 하고
10 또 광야에 망대를 세우고 물 웅덩
이를 많이 파고 고원과 평지에 가

기록일 : . . .

축을 많이 길렀으며 또 여러 산과
좋은 밭에 농부와 포도원을 다스리
는 자들을 두었으니 농사를 좋아함
이었더라
11 웃시야에게 또 싸우는 군사가 있
으니 서기관 여이엘과 병영장 마아
세야가 직접 조사한 수효대로 왕의
지휘관 하나냐의 휘하에 속하여 떼
를 지어 나가서 싸우는 자라
12 족장의 총수가 이천육백 명이니 모
두 큰 용사요
13 그의 휘하의 군대가 삼십만 칠천오
백 명이라 건장하고 싸움에 능하여
왕을 도와 적을 치는 자이며
14 웃시야가 그의 온 군대를 위하여
방패와 창과 투구와 갑옷과 활과
물매 돌을 준비하고
15 또 예루살렘에서 재주 있는 사람들
에게 무기를 고안하게 하여 망대와
성곽 위에 두어 화살과 큰 돌을 쏘
고 던지게 하였으니 그의 이름이 멀
리 퍼짐은 기이한 도우심을 얻어 강
성하여짐이었더라
16 그가 강성하여지매 그의 마음이 교
만하여 악을 행하여 그의 하나님
야훼께 범죄하되 곧 야훼의 성전에
들어가서 향단에 분향하려 한지라
17 제사장 아사랴가 야훼의 용맹한 제
사장 팔십 명을 데리고 그의 뒤를
따라 들어가서
18 웃시야 왕 곁에 서서 그에게 이르
되 웃시야여 야훼께 분향하는 일
은 왕이 할 바가 아니요 오직 분향
하기 위하여 구별함을 받은 아론의
자손 제사장들이 할 바니 성소에서
나가소서 왕이 범죄하였으니 하나
님 야훼에게서 영광을 얻지 못하리
이다
19 웃시야가 손으로 향로를 잡고 분향
하려 하다가 화를 내니 그가 제사
장에게 화를 낼 때에 야훼의 전 안
향단 곁 제사장들 앞에서 그의 이
마에 나병이 생긴지라
20 대제사장 아사랴와 모든 제사장이
왕의 이마에 나병이 생겼음을 보고
성전에서 급히 쫓아내고 야훼께서
치시므로 왕도 속히 나가니라
21 웃시야 왕이 죽는 날까지 나병환자
가 되었고 나병환자가 되매 야훼의
전에서 끊어져 별궁에 살았으므로
그의 아들 요담이 왕궁을 관리하며
백성을 다스렸더라
22 웃시야의 남은 시종 행적은 아모스
의 아들 선지자 이사야가 기록하였
더라
23 웃시야가 그의 조상들과 함께 누
우매 그는 나병환자라 하여 왕들의
묘실에 접한 땅 곧 그의 조상들의
곁에 장사하니라 그의 아들 요담이
대신하여 왕이 되니라

기록일 : . . .

27 요담이 왕위에 오를 때에 나이가
이십오 세라 예루살렘에서 십육 년
동안 다스리니라 그의 어머니의 이
름은 여루사요 사독의 딸이더라
2 요담이 그의 아버지 웃시야의 모든
행위대로 여호와 보시기에 정직하게
행하였으나 여호와의 성전에는 들어
가지 아니하였고 백성은 여전히 부
패하였더라
3 그가 여호와의 전 윗문을 건축하고
또 오벨 성벽을 많이 증축하고
4 유다 산지에 성읍들을 건축하며 수
풀 가운데에 견고한 진영들과 망대
를 건축하고
5 암몬 자손의 왕과 더불어 싸워 그
들을 이겼더니 그 해에 암몬 자손
이 은 백 달란트와 밀 만 고르와 보
리 만 고르를 바쳤고 제이년과 제
삼년에도 암몬 자손이 그와 같이
바쳤더라
6 요담이 그의 하나님 여호와 앞에서
바른 길을 걸었으므로 점점 강하여
졌더라
7 요담의 남은 사적과 그의 모든 전
쟁과 행위는 이스라엘과 유다 열왕
기에 기록되니라
8 요담이 왕위에 오를 때에 나이가
이십오 세요 예루살렘에서 다스린
지 십육 년이라
9 그가 그의 조상들과 함께 누우매
다윗 성에 장사되고 그의 아들 아
하스가 대신하여 왕이 되니라

28 아하스가 왕위에 오를 때에 나
이가 이십 세라 예루살렘에서 십육
년 동안 다스렸으나 그의 조상 다
윗과 같지 아니하여 여호와 보시기에
정직하게 행하지 아니하고
2 이스라엘 왕들의 길로 행하여 바알
들의 우상을 부어 만들고
3 또 힌놈의 아들 골짜기에서 분향하
고 여호와께서 이스라엘 자손 앞에서
쫓아내신 이방 사람의 가증한 일
을 본받아 그의 자녀들을 불사르고
4 또 산당과 작은 산 위와 모든 푸른
나무 아래에서 제사를 드리며 분향
하니라
5 그러므로 그의 하나님 여호와께서 그
를 아람 왕의 손에 넘기시매 그들
이 쳐서 심히 많은 무리를 사로잡아
다메섹으로 갔으며 또 이스라엘 왕
의 손에 넘기시매 그가 쳐서 크게
살육하였으니
6 이는 그들이 그들의 조상들의 하나님 여호와를
버렸음이라 르말랴의 아들 베가가
유다에서 하루 동안에 용사 십이만
명을 죽였으며
7 에브라임의 용사 시그리는 왕의 아
들 마아세야와 궁내대신 아스리감
과 총리대신 엘가나를 죽였더라
8 이스라엘 자손이 그들의 형제 중에

기록일 : . . .

서 그들의 아내와 자녀를 합하여
이십만 명을 사로잡고 그들의 재물
을 많이 노략하여 사마리아로 가져
가니
9 그 곳에 야훼의 선지자가 있는데
이름은 오뎃이라 그가 사마리아로
돌아오는 군대를 영접하고 그들에
게 이르되 너희 조상의 하나님 야
훼께서 유다에게 진노하셨으므로
너희 손에 넘기셨거늘 너희의 노기
가 충천하여 살육하고
10 이제 너희가 또 유다와 예루살렘
백성들을 압제하여 노예로 삼고자
생각하는도다 그러나 너희는 너희
의 하나님 야훼께 범죄함이 없느냐
11 그런즉 너희는 내 말을 듣고 너희
의 형제들 중에서 사로잡아 온 포
로를 놓아 돌아가게 하라 야훼의
진노가 너희에게 임박하였느니라
한지라
12 에브라임 자손의 우두머리 몇 사람
곧 요하난의 아들 아사랴와 무실레
못의 아들 베레갸와 살룸의 아들
여히스기야와 하들래의 아들 아마
사가 일어나서 전장에서 돌아오는
자들을 막으며
13 그들에게 이르되 너희는 이 포로를
이리로 끌어들이지 못하리라 너희
가 행하는 일이 우리를 야훼께 허
물이 있게 함이니 우리의 죄와 허물
을 더하게 함이로다 우리의 허물이
이미 커서 진노하심이 이스라엘에
게 임박하였느니라 하매
14 이에 무기를 가진 사람들이 포로와
노략한 물건을 방백들과 온 회중
앞에 둔지라
15 이 위에 이름이 기록된 자들이 일어
나서 포로를 맞고 노략하여 온 것
중에서 옷을 가져다가 벗은 자들에
게 입히며 신을 신기며 먹이고 마시
게 하며 기름을 바르고 그 약한 자
들은 모두 나귀에 태워 데리고 종
려나무 성 여리고에 이르러 그의 형
제에게 돌려준 후에 사마리아로 돌
아갔더라
16 그 때에 아하스 왕이 앗수르 왕에
게 사람을 보내어 도와 주기를 구
하였으니
17 이는 에돔 사람들이 다시 와서 유
다를 치고 그의 백성을 사로잡았음
이며
18 블레셋 사람들도 유다의 평지와 남
방 성읍들을 침노하여 벧세메스와
아얄론과 그데롯과 소고 및 그 주
변 마을들과 딤나 및 그 주변 마을
들과 김소 및 그 주변 마을들을 점
령하고 거기에 살았으니
19 이는 이스라엘 왕 아하스가 유다
에서 망령되이 행하여 야훼께 크게
범죄하였으므로 야훼께서 유다를

기록일 : . . .

낮추심이라
20 앗수르 왕 디글랏빌레셀이 그에게
이르렀으나 돕지 아니하고 도리어
그를 공격하였더라
21 아하스가 여호와의 전과 왕궁과 방백
들의 집에서 재물을 가져다가 앗수
르 왕에게 주었으나 그에게 유익이
없었더라
22 이 아하스 왕이 곤고할 때에 더욱
여호와께 범죄하여
23 자기를 친 다메섹 신들에게 제사하
여 이르되 아람 왕들의 신들이 그
들을 도왔으니 나도 그 신에게 제
사하여 나를 돕게 하리라 하였으나
그 신이 아하스와 온 이스라엘을
망하게 하였더라
24 아하스가 하나님의 전의 기구들을
모아 하나님의 전의 기구들을 부수
고 또 여호와의 전 문들을 닫고 예루
살렘 구석마다 제단을 쌓고
25 유다 각 성읍에 산당을 세워 다른
신에게 분향하여 그의 조상들의 하
나님 여호와를 진노하게 하였더라
26 아하스의 남은 시종 사적과 모든
행위는 유다와 이스라엘 열왕기에
기록되니라
27 아하스가 그의 조상들과 함께 누우
매 이스라엘 왕들의 묘실에 들이지
아니하고 예루살렘 성에 장사하였
더라 그의 아들 히스기야가 대신하
여 왕이 되니라

29

히스기야가 왕위에 오를 때에 나
이가 이십오 세라 예루살렘에서 이
십구 년 동안 다스리니라 그의 어머
니의 이름은 아비야요 스가랴의 딸
이더라
2 히스기야가 그의 조상 다윗의 모든
행실과 같이 여호와 보시기에 정직하
게 행하여
3 첫째 해 첫째 달에 여호와의 전 문들
을 열고 수리하고
4 제사장들과 레위 사람들을 동쪽 광
장에 모으고
5 그들에게 이르되 레위 사람들아 내
말을 들으라 이제 너희는 성결하게
하고 또 너희 조상들의 하나님 여호
와의 전을 성결하게 하여 그 더러운
것을 성소에서 없애라
6 우리 조상들이 범죄하여 우리 하나
님 여호와 보시기에 악을 행하여 하
나님을 버리고 얼굴을 돌려 여호와의
성소를 등지고
7 또 낭실 문을 닫으며 등불을 끄고
성소에서 분향하지 아니하며 이스
라엘의 하나님께 번제를 드리지 아
니하므로
8 여호와께서 유다와 예루살렘에 진노
하시고 내버리사 두려움과 놀람과
비웃음거리가 되게 하신 것을 너희
가 똑똑히 보는 바라

기록일 : . . .

9 이로 말미암아 우리의 조상들이 칼
에 엎드러지며 우리의 자녀와 아내
들이 사로잡혔느니라
10 이제 이스라엘의 하나님 야훼와 더
불어 언약을 세워 그 맹렬한 노를
우리에게서 떠나게 할 마음이 내게
있노니
11 내 아들들아 이제는 게으르지 말라
야훼께서 이미 너희를 택하사 그
앞에 서서 수종들어 그를 섬기며 분
향하게 하셨느니라
12 이에 레위 사람들이 일어나니 곧
그핫의 자손 중 아마새의 아들 마
핫과 아사랴의 아들 요엘과 므라리
의 자손 중 압디의 아들 기스와 여
할렐렐의 아들 아사랴와 게르손 사
람 중 심마의 아들 요아와 요아의
아들 에덴과
13 엘리사반의 자손 중 시므리와 여우
엘과 아삽의 자손 중 스가랴와 맛
다냐와
14 헤만의 자손 중 여후엘과 시므이와
여두둔의 자손 중 스마야와 웃시엘
이라
15 그들이 그들의 형제들을 모아 성결
하게 하고 들어가서 왕이 야훼의
말씀대로 명령한 것을 따라 야훼의
전을 깨끗하게 할새
16 제사장들도 야훼의 전 안에 들어가
서 깨끗하게 하여 야훼의 전에 있
는 모든 더러운 것을 끌어내어 야
훼의 전 뜰에 이르매 레위 사람들
이 받아 바깥 기드론 시내로 가져
갔더라
17 첫째 달 초하루에 성결하게 하기를
시작하여 그 달 초팔일에 야훼의
낭실에 이르고 또 팔 일 동안 야훼
의 전을 성결하게 하여 첫째 달 십
육 일에 이르러 마치고
18 안으로 들어가서 히스기야 왕을 보
고 이르되 우리가 야훼의 온 전과
번제단과 그 모든 그릇들과 떡을
진설하는 상과 그 모든 그릇들을
깨끗하게 하였고
19 또 아하스 왕이 왕위에 있어 범죄
할 때에 버린 모든 그릇들도 우리
가 정돈하고 성결하게 하여 야훼의
제단 앞에 두었나이다 하니라
20 히스기야 왕이 일찍이 일어나 성읍
의 귀인들을 모아 야훼의 전에 올
라가서
21 수송아지 일곱 마리와 숫양 일곱
마리와 어린 양 일곱 마리와 숫염
소 일곱 마리를 끌어다가 나라와
성소와 유다를 위하여 속죄제물로
삼고 아론의 자손 제사장들을 명령
하여 야훼의 제단에 드리게 하니
22 이에 수소를 잡으매 제사장들이 그
피를 받아 제단에 뿌리고 또 숫양
들을 잡으매 그 피를 제단에 뿌리

기록일 : . . .

고 또 어린 양들을 잡으매 그 피를
제단에 뿌리고
23 이에 속죄제물로 드릴 숫염소들을
왕과 회중 앞으로 끌어오매 그들이
그 위에 안수하고
24 제사장들이 잡아 그 피를 속죄제
로 삼아 제단에 드려 온 이스라엘
을 위하여 속죄하니 이는 왕이 명령
하여 온 이스라엘을 위하여 번제와
속죄제를 드리게 하였음이더라
25 왕이 레위 사람들을 야훼의 전에
두어서 다윗과 왕의 선견자 갓과
선지자 나단이 명령한 대로 제금과
비파와 수금을 잡게 하니 이는 야
훼께서 그의 선지자들로 이렇게 명
령하셨음이라
26 레위 사람은 다윗의 악기를 잡고
제사장은 나팔을 잡고 서매
27 히스기야가 명령하여 번제를 제단
에 드릴새 번제 드리기를 시작하는
동시에 야훼의 시로 노래하고 나팔
을 불며 이스라엘 왕 다윗의 악기
를 울리고
28 온 회중이 경배하며 노래하는 자들
은 노래하고 나팔 부는 자들은 나
팔을 불어 번제를 마치기까지 이르
니라
29 제사 드리기를 마치매 왕과 그와
함께 있는 자들이 다 엎드려 경배
하니라
30 히스기야 왕이 귀인들과 더불어 레
위 사람을 명령하여 다윗과 선견자
아삽의 시로 야훼를 찬송하게 하매
그들이 즐거움으로 찬송하고 몸을
굽혀 예배하니라
31 이에 히스기야가 말하여 이르되 너
희가 이제 스스로 몸을 깨끗하게 하
여 야훼께 드렸으니 가까이 나아
와 제물과 감사제물을 야훼의 전으
로 가져오라 하니 회중이 제물과 감
사제물을 가져오되 무릇 마음에 원
하는 자는 또한 번제물도 가져오니
32 회중이 가져온 번제물의 수효는 수
소가 칠십 마리요 숫양이 백 마리
요 어린 양이 이백 마리이니 이는
다 야훼께 번제물로 드리는 것이며
33 또 구별하여 드린 소가 육백 마리
요 양이 삼천 마리라
34 그런데 제사장이 부족하여 그 모든
번제 짐승들의 가죽을 능히 벗기지
못하는 고로 그의 형제 레위 사람
들이 그 일을 마치기까지 돕고 다
른 제사장들이 성결하게 하기까지
기다렸으니 이는 레위 사람들이 성
결하게 함에 제사장들보다 성심이
있었음이라
35 번제와 화목제의 기름과 각 번제에
속한 전제들이 많더라 이와 같이
야훼의 전에서 섬기는 일이 순서대
로 갖추어지니라

기록일 : . . .

36 이 일이 갑자기 되었으나 하나님께
서 백성을 위하여 예비하셨으므로
히스기야가 백성과 더불어 기뻐하
였더라

30

히스기야가 온 이스라엘과 유다에
사람을 보내고 또 에브라임과 므낫
세에 편지를 보내어 예루살렘 야훼
의 전에 와서 이스라엘 하나님 야훼
를 위하여 유월절을 지키라 하니라
2 왕이 방백들과 예루살렘 온 회중과
더불어 의논하고 둘째 달에 유월절
을 지키려 하였으니
3 이는 성결하게 한 제사장들이 부족
하고 백성도 예루살렘에 모이지 못
하였으므로 그 정한 때에 지킬수
없었음이라
4 왕과 온 회중이 이 일을 좋게 여기고
5 드디어 왕이 명령을 내려 브엘세바
에서부터 단까지 온 이스라엘에 공
포하여 일제히 예루살렘으로 와서
이스라엘 하나님 야훼의 유월절을
지키라 하니 이는 기록한 규례대로
오랫동안 지키지 못하였음이더라
6 보발꾼들이 왕과 방백들의 편지를
받아 가지고 왕의 명령을 따라 온
이스라엘과 유다에 두루 다니며 전
하니 일렀으되 이스라엘 자손들아
너희는 아브라함과 이삭과 이스라
엘의 하나님 야훼께로 돌아오라 그
리하면 그가 너희 남은 자 곧 앗수
르 왕의 손에서 벗어난 자에게로
돌아오시리라
7 너희 조상들과 너희 형제 같이 하
지 말라 그들은 그의 조상들의 하
나님 야훼께 범죄하였으므로 야훼
께서 멸망하도록 버려 두신 것을 너
희가 똑똑히 보는 바니라
8 그런즉 너희 조상들 같이 목을 곧
게 하지 말고 야훼께 돌아와 영원
히 거룩하게 하신 전에 들어가서 너
희 하나님 야훼를 섬겨 그의 진노
가 너희에게서 떠나게 하라
9 너희가 만일 야훼께 돌아오면 너희
형제들과 너희 자녀가 사로잡은 자
들에게서 자비를 입어 다시 이 땅
으로 돌아오리라 너희 하나님 야훼
는 은혜로우시고 자비하신지라 너
희가 그에게로 돌아오면 그의 얼굴
을 너희에게서 돌이키지 아니하시
리라 하였더라
10 보발꾼이 에브라임과 므낫세 지방
각 성읍으로 두루 다녀서 스불론까
지 이르렀으나 사람들이 그들을 조
롱하며 비웃었더라
11 그러나 아셀과 므낫세와 스불론 중
에서 몇 사람이 스스로 겸손한 마
음으로 예루살렘에 이르렀고
12 하나님의 손이 또한 유다 사람들
을 감동시키사 그들에게 왕과 방백
들이 야훼의 말씀대로 전한 명령을

기록일 : . . .

한 마음으로 준행하게 하셨더라
13 둘째 달에 백성이 무교절을 지키려
하여 예루살렘에 많이 모이니 매우
큰 모임이라
14 무리가 일어나 예루살렘에 있는 제
단과 향단들을 모두 제거하여 기드
론 시내에 던지고
15 둘째 달 십사일에 유월절 양을
잡으니 제사장과 레위 사람이 부끄
러워하여 성결하게 하고 번제물을
가지고 야훼의 전에 이르러
16 규례대로 각각 자기들의 처소에 서
고 하나님의 사람 모세의 율법을
따라 제사장들이 레위 사람의 손에
서 피를 받아 뿌리니라
17 회중 가운데 많은 사람이 자신들을
성결하게 하지 못하였으므로 레위
사람들이 모든 부정한 사람을 위하
여 유월절 양을 잡아 그들로 야훼
앞에서 성결하게 하였으나
18 에브라임과 므낫세와 잇사갈과 스
불론의 많은 무리는 자기들을 깨
끗하게 하지 아니하고 유월절 양을
먹어 기록한 규례를 어긴지라 히스
기야가 그들을 위하여 기도하여 이
르되 선하신 야훼여 사하옵소서
19 결심하고 하나님 곧 그의 조상들의
하나님 야훼를 구하는 사람은 누구
든지 비록 성소의 결례대로 스스로
깨끗하게 못하였을지라도 사하옵소
서 하였더니
20 야훼께서 히스기야의 기도를 들으
시고 백성을 고치셨더라
21 예루살렘에 모인 이스라엘 자손이
크게 즐거워하며 칠 일 동안 무교
절을 지켰고 레위 사람들과 제사장
들은 날마다 야훼를 찬송하여 큰
소리 나는 악기를 울려 야훼를 찬
양하였으며
22 히스기야는 야훼를 섬기는 일에 능
숙한 모든 레위 사람들을 위로하였
더라 이와 같이 절기 칠 일 동안에
무리가 먹으며 화목제를 드리고 그
의 조상들의 하나님 야훼께 감사하
였더라
23 온 회중이 다시 칠 일을 지키기로
결의하고 이에 또 칠 일을 즐겁게
지켰더라
24 유다 왕 히스기야가 수송아지 천
마리와 양 칠천 마리를 회중에게
주었고 방백들은 수송아지 천 마리
와 양 만 마리를 회중에게 주었으
며 자신들을 성결하게 한 제사장들
도 많았더라
25 유다 온 회중과 제사장들과 레위
사람들과 이스라엘에서 온 모든 회
중과 이스라엘 땅에서 나온 나그네
들과 유다에 사는 나그네들이 다
즐거워하였으므로
26 예루살렘에 큰 기쁨이 있었으니 이

기록일 : . . .

스라엘 왕 다윗의 아들 솔로몬 때
로부터 이러한 기쁨이 예루살렘에
없었더라
27 그 때에 제사장들과 레위 사람들이
일어나서 백성을 위하여 축복하였
으니 그 소리가 하늘에 들리고 그
기도가 야훼의 거룩한 처소 하늘에
이르렀더라

31

이 모든 일이 끝나매 거기에 있는
이스라엘 무리가 나가서 유다 여러
성읍에 이르러 주상들을 깨뜨리며
아세라 목상들을 찍으며 유다와 베
냐민과 에브라임과 므낫세 온 땅에
서 산당들과 제단들을 제거하여 없
애고 이스라엘 모든 자손이 각각 자
기들의 본성 기업으로 돌아갔더라
2 히스기야가 제사장들과 레위 사람
들의 반열을 정하고 그들의 반열에
따라 각각 그들의 직임을 행하게
하되 곧 제사장들과 레위 사람들에
게 번제와 화목제를 드리며 야훼의
휘장 문에서 섬기며 감사하며 찬송
하게 하고
3 또 왕의 재산 중에서 얼마를 정하
여 야훼의 율법에 기록된 대로 번
제 곧 아침과 저녁의 번제와 안식
일과 초하루와 절기의 번제에 쓰게
하고
4 또 예루살렘에 사는 백성을 명령하
여 제사장들과 레위 사람들 몫의
음식을 주어 그들에게 야훼의 율법
을 힘쓰게 하라 하니라
5 왕의 명령이 내리자 곧 이스라엘
자손이 곡식과 포도주와 기름과 꿀
과 밭의 모든 소산의 첫 열매들을
풍성히 드렸고 또 모든 것의 십일조
를 많이 가져왔으며
6 유다 여러 성읍에 사는 이스라엘과
유다 자손들도 소와 양의 십일조를
가져왔고 또 그들의 하나님 야훼께
구별하여 드릴 성물의 십일조를 가
져왔으며 그것을 쌓아 여러 더미를
이루었는데
7 셋째 달에 그 더미들을 쌓기 시작
하여 일곱째 달에 마친지라
8 히스기야와 방백들이 와서 쌓인 더
미들을 보고 야훼를 송축하고 그
의 백성 이스라엘을 위하여 축복
하니라
9 히스기야가 그 더미들에 대하여 제
사장들과 레위 사람들에게 물으니
10 사독의 족속 대제사장 아사랴가 그
에게 대답하여 이르되 백성이 예물
을 야훼의 전에 드리기 시작함으로
부터 우리가 만족하게 먹었으나 남
은 것이 많으니 이는 야훼께서 그
의 백성에게 복을 주셨음이라 그
남은 것이 이렇게 많이 쌓였나이다
11 그 때에 히스기야가 명령하여 야훼
의 전 안에 방들을 준비하라 하므

기록일 : . . .

로 그렇게 준비하고
12 성심으로 그 예물과 십일조와 구별
한 물건들을 갖다 두고 레위 사람
고나냐가 그 일의 책임자가 되고 그
의 아우 시므이는 부책임자가 되며
13 여히엘과 아사시야와 나핫과 아사
헬과 여리못과 요사밧과 엘리엘과
이스마갸와 마핫과 브나야는 고나
냐와 그의 아우 시므이의 수하에서
보살피는 자가 되니 이는 히스기야
왕과 하나님의 전을 관리하는 아사
랴가 명령한 바이며
14 동문지기 레위 사람 임나의 아들
고레는 즐거이 하나님께 드리는 예
물을 맡아 여호와께 드리는 것과 모
든 지성물을 나눠 주며
15 그의 수하의 에덴과 미냐민과 예수
아와 스마야와 아마랴와 스가냐는
제사장들의 성읍들에 있어서 직임
을 맡아 그의 형제들에게 반열대로
대소를 막론하고 나눠 주되
16 삼 세 이상으로 족보에 기록된 남
자 외에 날마다 여호와의 전에 들어
가서 그 반열대로 직무에 수종드는
자들에게 다 나눠 주며
17 또 그들의 족속대로 족보에 기록
된 제사장들에게 나눠 주며 이십 세
이상에서 그 반열대로 직무를 맡은
레위 사람들에게 나눠 주며
18 또 그 족보에 기록된 온 회중의 어
린 아이들 아내들 자녀들에게 나눠
주었으니 이 회중은 성결하고 충실
히 그 직분을 다하는 자며
19 각 성읍에서 등록된 사람이 있어 성
읍 가까운 들에 사는 아론 자손 제
사장들에게도 나눠 주되 제사장들
의 모든 남자와 족보에 기록된 레
위 사람들에게 나눠 주었더라
20 히스기야가 온 유다에 이같이 행하
되 그의 하나님 여호와 보시기에 선
과 정의와 진실함으로 행하였으니
21 그가 행하는 모든 일 곧 하나님의
전에 수종드는 일에나 율법에나 계
명에나 그의 하나님을 찾고 한 마
음으로 행하여 형통하였더라

32

이 모든 충성된 일을 한 후에 앗
수르 왕 산헤립이 유다에 들어와서
견고한 성읍들을 향하여 진을 치고
쳐서 점령하고자 한지라
2 히스기야가 산헤립이 예루살렘을
치러 온 것을 보고
3 그의 방백들과 용사들과 더불어 의
논하고 성 밖의 모든 물 근원을 막
고자 하매 그들이 돕더라
4 이에 백성이 많이 모여 모든 물 근
원과 땅으로 흘러가는 시내를 막고
이르되 어찌 앗수르 왕들이 와서
많은 물을 얻게 하리요 하고
5 히스기야가 힘을 내어 무너진 모든
성벽을 보수하되 망대까지 높이 쌓

기록일 : . . .

고 또 외성을 쌓고 다윗 성의 밀로
를 견고하게 하고 무기와 방패를
많이 만들고
6 군대 지휘관들을 세워 백성을 거느
리게 하고 성문 광장에서 자기 앞
에 무리를 모으고 말로 위로하여
이르되
7 너희는 마음을 강하게 하며 담대히
하고 앗수르 왕과 그를 따르는 온
무리로 말미암아 두려워하지 말며
놀라지 말라 우리와 함께 하시는
이가 그와 함께 하는 자보다 크니
8 그와 함께 하는 자는 육신의 팔이
요 우리와 함께 하시는 이는 우리
의 하나님 야훼시라 반드시 우리를
도우시고 우리를 대신하여 싸우시
리라 하매 백성이 유다 왕 히스기
야의 말로 말미암아 안심하니라
9 그 후에 앗수르 왕 산헤립이 그의
온 군대를 거느리고 라기스를 치며
그의 신하들을 예루살렘에 보내어
유다 왕 히스기야와 예루살렘에 있
는 유다 무리에게 말하여 이르기를
10 앗수르 왕 산헤립은 이같이 말하노
라 너희가 예루살렘에 에워싸여 있
으면서 무엇을 의뢰하느냐
11 히스기야가 너희를 꾀어 이르기를
우리 하나님 야훼께서 우리를 앗수
르 왕의 손에서 건져내시리라 하거
니와 이 어찌 너희를 주림과 목마
름으로 죽게 함이 아니냐
12 이 히스기야가 야훼의 산당들과
제단들을 제거하여 버리고 유다와
예루살렘에 명령하여 이르기를 너
희는 다만 한 제단 앞에서 예배하
고 그 위에 분향하라 하지 아니하
였느냐
13 나와 내 조상들이 이방 모든 백성
들에게 행한 것을 너희가 알지 못
하느냐 모든 나라의 신들이 능히
그들의 땅을 내 손에서 건져낼 수
있었느냐
14 내 조상들이 진멸한 모든 나라의
그 모든 신들 중에 누가 능히 그의
백성을 내 손에서 건져내었기에 너
희 하나님이 능히 너희를 내 손에
서 건지겠느냐
15 그런즉 이와 같이 너희는 히스기야
에게 속지 말라 꾀임을 받지 말라
그를 믿지도 말라 어떤 백성이나
어떤 나라의 신도 능히 자기의 백
성을 나의 손과 나의 조상들의 손
에서 건져내지 못하였나니 하물며
너희 하나님이 너희를 내 손에서 건
져내겠느냐 하였더라
16 산헤립의 신하들도 더욱 야훼 하나
님과 그의 종 히스기야를 비방하였
으며
17 산헤립이 또 편지를 써 보내어 이
스라엘 하나님 야훼를 욕하고 비방

기록일 : . . .

하여 이르기를 모든 나라의 신들이
그들의 백성을 내 손에서 구원하여
내지 못한 것 같이 히스기야의 신들
도 그의 백성을 내 손에서 구원하
여 내지 못하리라 하고
18 산헤립의 신하가 유다 방언으로 크
게 소리 질러 예루살렘 성 위에 있
는 백성을 놀라게 하고 괴롭게 하
여 그 성을 점령하려 하였는데
19 그들이 예루살렘의 하나님을 비방
하기를 사람의 손으로 지은 세상
사람의 신들을 비방하듯 하였더라
20 이러므로 히스기야 왕이 아모스의
아들 선지자 이사야와 더불어 하늘
을 향하여 부르짖어 기도하였더니
21 야훼께서 한 천사를 보내어 앗수르
왕의 진영에서 모든 큰 용사와 대
장과 지휘관들을 멸하신지라 앗수
르 왕이 낯이 뜨거워 그의 고국으
로 돌아갔더니 그의 신의 전에 들
어갔을 때에 그의 몸에서 난 자들
이 거기서 칼로 죽였더라
22 이와 같이 야훼께서 히스기야와 예
루살렘 주민을 앗수르 왕 산헤립의
손과 모든 적국의 손에서 구원하여
내사 사면으로 보호하시매
23 여러 사람이 예물을 가지고 예루살
렘에 와서 야훼께 드리고 또 보물
을 유다 왕 히스기야에게 드린지라
이 후부터 히스기야가 모든 나라의
눈에 존귀하게 되었더라
24 그 때에 히스기야가 병들어 죽게
되었으므로 야훼께 기도하매 야훼
께서 그에게 대답하시고 또 이적을
보이셨으나
25 히스기야가 마음이 교만하여 그 받
은 은혜를 보답하지 아니하므로 진
노가 그와 유다와 예루살렘에 내리
게 되었더니
26 히스기야가 마음의 교만함을 뉘우
치고 예루살렘 주민들도 그와 같이
하였으므로 야훼의 진노가 히스기
야의 생전에는 그들에게 내리지 아
니하니라
27 히스기야가 부와 영광이 지극한지
라 이에 은금과 보석과 향품과 방
패와 온갖 보배로운 그릇들을 위하
여 창고를 세우며
28 곡식과 새 포도주와 기름의 산물을
위하여 창고를 세우며 온갖 짐승의
외양간을 세우며 양 떼의 우리를
갖추며
29 양 떼와 많은 소 떼를 위하여 성읍
들을 세웠으니 이는 하나님이 그에
게 재산을 심히 많이 주셨음이며
30 이 히스기야가 또 기혼의 윗샘물을
막아 그 아래로부터 다윗 성 서쪽
으로 곧게 끌어들였으니 히스기야
가 그의 모든 일에 형통하였더라
31 그러나 바벨론 방백들이 히스기야

기록일 : . . .

에게 사신을 보내어 그 땅에서 나
타난 이적을 물을 때에 하나님이
히스기야를 떠나시고 그의 심중에
있는 것을 다 알고자 하사 시험하
셨더라
32 히스기야의 남은 행적과 그의 모든
선한 일은 아모스의 아들 선지자
이사야의 묵시 책과 유다와 이스라
엘 열왕기에 기록되니라
33 히스기야가 그의 조상들과 함께 누
우매 온 유다와 예루살렘 주민이
그를 다윗 자손의 묘실 중 높은 곳
에 장사하여 그의 죽음에 그에게
경의를 표하였더라 그의 아들 므낫
세가 대신하여 왕이 되니라

33 므낫세가 왕위에 오를 때에 나이
가 십이 세라 예루살렘에서 오십오
년 동안 다스리며
2 야훼 보시기에 악을 행하여 야훼께
서 이스라엘 자손 앞에서 쫓아내신
이방 사람들의 가증한 일을 본받아
3 그의 아버지 히스기야가 헐어 버린
산당을 다시 세우며 바알들을 위하
여 제단을 쌓으며 아세라 목상을
만들며 하늘의 모든 일월성신을 경
배하여 섬기며
4 야훼께서 전에 이르시기를 내가 내
이름을 예루살렘에 영원히 두리라
하신 야훼의 전에 제단들을 쌓고
5 또 야훼의 전 두 마당에 하늘의 일
월성신을 위하여 제단들을 쌓고
6 또 힌놈의 아들 골짜기에서 그의
아들들을 불 가운데로 지나가게 하
며 또 점치며 사술과 요술을 행하
며 신접한 자와 박수를 신임하여 야
훼 보시기에 악을 많이 행하여 야
훼를 진노하게 하였으며
7 또 자기가 만든 아로새긴 목상을
하나님의 전에 세웠더라 옛적에 하
나님이 이 성전에 대하여 다윗과 그
의 아들 솔로몬에게 이르시기를 내
가 이스라엘 모든 지파 중에서 택
한 이 성전과 예루살렘에 내 이름
을 영원히 둘지라
8 만일 이스라엘 사람이 내가 명령한
일들 곧 모세를 통하여 전한 모든
율법과 율례와 규례를 지켜 행하면
내가 그들의 발로 다시는 그의 조
상들에게 정하여 준 땅에서 옮기지
않게 하리라 하셨으나
9 유다와 예루살렘 주민이 므낫세의
꾀임을 받고 악을 행한 것이 야훼
께서 이스라엘 자손 앞에서 멸하신
모든 나라보다 더욱 심하였더라
10 야훼께서 므낫세와 그의 백성에게
이르셨으나 그들이 듣지 아니하므로
11 야훼께서 앗수르 왕의 군대 지휘관
들이 와서 치게 하시매 그들이 므
낫세를 사로잡고 쇠사슬로 결박하
여 바벨론으로 끌고 간지라

기록일 : . . .

12

13

14

15

16

17

18

19

20

21

22

23

24

25

34

2

3 아직도 어렸을 때 곧 왕위에 있은
지 팔 년에 그의 조상 다윗의 하나
님을 비로소 찾고 제십이년에 유다
와 예루살렘을 비로소 정결하게 하
여 그 산당들과 아세라 목상들과
아로새긴 우상들과 부어 만든 우상
들을 제거하여 버리매
4 무리가 왕 앞에서 바알의 제단들을
헐었으며 왕이 또 그 제단 위에 높
이 달린 태양상들을 찍고 또 아세라
목상들과 아로새긴 우상들과 부어
만든 우상들을 빻아 가루를 만들어
제사하던 자들의 무덤에 뿌리고
5 제사장들의 뼈를 제단 위에서 불살
라 유다와 예루살렘을 정결하게 하
였으며
6 또 므낫세와 에브라임과 시므온과
납달리까지 사면 황폐한 성읍들에
도 그렇게 행하여
7 제단들을 허물며 아세라 목상들과
아로새긴 우상들을 빻아 가루를 만
들며 온 이스라엘 땅에 있는 모든
태양상을 찍고 예루살렘으로 돌아
왔더라
8 요시야가 왕위에 있은 지 열여덟째
해에 그 땅과 성전을 정결하게 하
기를 마치고 그의 하나님 야훼의
전을 수리하려 하여 아살랴의 아들
사반과 시장 마아세야와 서기관 요
아하스의 아들 요아를 보낸지라

9 그들이 대제사장 힐기야에게 나아
가 전에 하나님의 전에 헌금한 돈
을 그에게 주니 이 돈은 문을 지키
는 레위 사람들이 므낫세와 에브라
임과 남아 있는 모든 이스라엘 사
람과 온 유다와 베냐민과 예루살렘
주민들에게서 거둔 것이라
10 그 돈을 야훼의 전 공사를 감독하
는 자들의 손에 넘기니 그들이 야
훼의 전에 있는 일꾼들에게 주어
그 전을 수리하게 하되
11 곧 목수들과 건축하는 자들에게 주
어 다듬은 돌과 연접하는 나무를
사며 유다 왕들이 헐어버린 성전들
을 위하여 들보를 만들게 하매
12 그 사람들이 성실하게 그 일을 하
니라 그의 감독들은 레위 사람들
곧 므라리 자손 중 야핫과 오바댜
요 그핫 자손들 중 스가랴와 무술
람이라 다 그 일을 감독하고 또 악
기에 익숙한 레위 사람들이 함께
하였으며
13 그들은 또 목도꾼을 감독하며 모든
공사 담당자를 감독하고 어떤 레위
사람은 서기와 관리와 문지기가 되
었더라
14 무리가 야훼의 전에 헌금한 돈을
꺼낼 때에 제사장 힐기야가 모세가
전한 야훼의 율법책을 발견하고
15 힐기야가 서기관 사반에게 말하여

기록일 : . . .

이르되 내가 야훼의 전에서 율법책
을 발견하였노라 하고 힐기야가 그
책을 사반에게 주매
16 사반이 책을 가지고 왕에게 나아가
서 복명하여 이르되 왕께서 종들에
게 명령하신 것을 종들이 다 준행
하였나이다
17 또 야훼의 전에서 발견한 돈을 쏟
아서 감독자들과 일꾼들에게 주었
나이다 하고
18 서기관 사반이 또 왕에게 아뢰어
이르되 제사장 힐기야가 내게 책을
주더이다 하고 사반이 왕 앞에서
그것을 읽으매
19 왕이 율법의 말씀을 듣자 곧 자기
옷을 찢더라
20 왕이 힐기야와 사반의 아들 아히감
과 미가의 아들 압돈과 서기관 사
반과 왕의 시종 아사야에게 명령하
여 이르되
21 너희는 가서 나와 및 이스라엘과
유다의 남은 자들을 위하여 이 발
견한 책의 말씀에 대하여 야훼께
물으라 우리 조상들이 야훼의 말씀
을 지키지 아니하고 이 책에 기록된
모든 것을 준행하지 아니하였으므
로 야훼께서 우리에게 쏟으신 진노
가 크도다 하니라
22 이에 힐기야와 왕이 보낸 사람들이
여선지자 훌다에게로 나아가니 그
는 하스라의 손자 독핫의 아들로서
예복을 관리하는 살룸의 아내라 예
루살렘 둘째 구역에 살았더라 그들
이 그에게 이 뜻을 전하매
23 훌다가 그들에게 이르되 이스라엘
의 하나님 야훼께서 이같이 말씀
하시기를 너희는 너희를 내게 보낸
사람에게 말하라 하시니라
24 야훼께서 이같이 말씀하시기를 내
가 이 곳과 그 주민에게 재앙을 내
리되 곧 유다 왕 앞에서 읽은 책에
기록된 모든 저주대로 하리니
25 이는 이 백성들이 나를 버리고 다른
신들에게 분향하며 그의 손의 모든
행위로 나의 노여움을 샀음이라 그
러므로 나의 노여움을 이 곳에 쏟
으매 꺼지지 아니하리라 하라 하셨
느니라
26 너희를 보내어 야훼께 묻게 한 유
다 왕에게는 너희가 이렇게 전하
라 이스라엘의 하나님 야훼께서 이
같이 말씀하시기를 네가 들은 말을
의논하건대
27 네가 이 곳과 그 주민을 가리켜 말
한 것을 네가 듣고 마음이 연약하
여 하나님 앞 곧 내 앞에서 겸손하
여 옷을 찢고 통곡하였으므로 나도
네 말을 들었노라 야훼가 말하였느
니라
28 그러므로 내가 네게 너의 조상들에

기록일 : . . .

게 돌아가서 평안히 묘실로 들어가
게 하리니 내가 이 곳과 그 주민에
게 내리는 모든 재앙을 네가 눈으
로 보지 못하리라 하셨느니라 이에
사신들이 왕에게 복명하니라
29 왕이 사람을 보내어 유다와 예루살
렘의 모든 장로를 불러 모으고
30 야훼의 전에 올라가매 유다 모든
사람과 예루살렘 주민들과 제사
장들과 레위 사람들과 모든 백성
이 노소를 막론하고 다 함께 한지
라 왕이 야훼의 전 안에서 발견한
언약책의 모든 말씀을 읽어 무리의
귀에 들려 주고
31 왕이 자기 처소에 서서 야훼 앞에서
언약을 세우되 마음을 다하고 목
숨을 다하여 야훼를 순종하고 그의
계명과 법도와 율례를 지켜 이 책
에 기록된 언약의 말씀을 이루리라
하고
32 예루살렘과 베냐민에 있는 자들이
다 여기에 참여하게 하매 예루살렘
주민이 하나님 곧 그의 조상들의
하나님의 언약을 따르니라
33 이와 같이 요시야가 이스라엘 자손
에게 속한 모든 땅에서 가증한 것
들을 다 제거하여 버리고 이스라엘
의 모든 사람으로 그들의 하나님
야훼를 섬기게 하였으므로 요시야
가 사는 날에 백성이 그들의 조상
들의 하나님 야훼께 복종하고 떠나
지 아니하였더라

35 요시야가 예루살렘에서 야훼께
유월절을 지켜 첫째 달 열넷째 날
에 유월절 어린 양을 잡으니라
2 왕이 제사장들에게 그들의 직분을
맡기고 격려하여 야훼의 전에서 직
무를 수행하게 하고
3 또 야훼 앞에 구별되어서 온 이스
라엘을 가르치는 레위 사람에게 이
르되 거룩한 궤를 이스라엘 왕 다
윗의 아들 솔로몬이 건축한 전 가
운데 두고 다시는 너희 어깨에 메
지 말고 마땅히 너희의 하나님 야
훼와 그의 백성 이스라엘을 섬길
것이라
4 너희는 이스라엘 왕 다윗의 글과
다윗의 아들 솔로몬의 글을 준행하
여 너희 족속대로 반열을 따라 스
스로 준비하고
5 너희 형제 모든 백성의 족속의 서
열대로 또는 레위 족속의 서열대로
성소에 서서
6 스스로 성결하게 하고 유월절 어린
양을 잡아 너희 형제들을 위하여
준비하되 야훼께서 모세를 통하여
전하신 말씀을 따라 행할지니라
7 요시야가 그 모인 모든 이를 위하
여 백성들에게 자기의 소유 양 떼
중에서 어린 양과 어린 염소 삼만

기록일 : . . .

마리와 수소 삼천 마리를 내어 유
월절 제물로 주니
8 방백들도 즐거이 희생을 드려 백성
과 제사장들과 레위 사람들에게 주
었고 하나님의 전을 주장하는 힐
기야와 스가랴와 여히엘은 제사
장들에게 양 이천육백 마리와 수소
삼백 마리를 유월절 제물로 주었고
9 또 레위 사람들의 우두머리들 곧
고나냐와 그의 형제 스마야와 느다
넬과 또 하사뱌와 여이엘과 요사밧
은 양 오천 마리와 수소 오백 마리
를 레위 사람들에게 유월절 제물로
주었더라
10 이와 같이 섬길 일이 구비되매 왕
의 명령을 따라 제사장들은 그들의
처소에 서고 레위 사람들은 그들의
반열대로 서고
11 유월절 양을 잡으니 제사장들은 그
들의 손에서 피를 받아 뿌리고 또
레위 사람들은 잡은 짐승의 가죽을
벗기고
12 그 번제물을 옮겨 족속의 서열대로
모든 백성에게 나누어 모세의 책에
기록된 대로 야훼께 드리게 하고
소도 그와 같이 하고
13 이에 규례대로 유월절 양을 불에
굽고 그 나머지 성물은 솥과 가마
와 냄비에 삶아 모든 백성들에게
속히 분배하고
14 그 후에 자기와 제사장들을 위하여
준비하니 이는 아론의 자손 제사장
들이 번제와 기름을 저녁까지 드리
므로 레위 사람들이 자기와 아론의
자손 제사장들을 위하여 준비함이
더라
15 아삽의 자손 노래하는 자들은 다윗
과 아삽과 헤만과 왕의 선견자 여
두둔이 명령한 대로 자기 처소에 있
고 문지기들은 각 문에 있고 그 직
무에서 떠날 것이 없었으니 이는 그
의 형제 레위 사람들이 그들을 위
하여 준비하였음이더라
16 이와 같이 당일에 야훼를 섬길 일이
다 준비되매 요시야 왕의 명령대로
유월절을 지키며 번제를 야훼의 제
단에 드렸으며
17 그 때에 모인 이스라엘 자손이 유
월절을 지키고 이어서 무교절을 칠
일 동안 지켰으니
18 선지자 사무엘 이후로 이스라엘 가
운데서 유월절을 이같이 지키지 못
하였고 이스라엘 모든 왕들도 요시
야가 제사장들과 레위 사람들과 모
인 온 유다와 이스라엘 무리와 예
루살렘 주민과 함께 지킨 것처럼은
유월절을 지키지 못하였더라
19 요시야가 왕위에 있은 지 열여덟째
해에 이 유월절을 지켰더라
20 이 모든 일 후 곧 요시야가 성전을

기록일 : . . .

정돈하기를 마친 후에 애굽 왕 느
고가 유브라데 강 가의 갈그미스를
치러 올라왔으므로 요시야가 나가
서 방비하였더니
21 느고가 요시야에게 사신을 보내어
이르되 유다 왕이여 내가 그대와
무슨 관계가 있느냐 내가 오늘 그
대를 치려는 것이 아니요 나와 더
불어 싸우는 족속을 치려는 것이라
하나님이 나에게 명령하사 속히 하
라 하셨은즉 하나님이 나와 함께
계시니 그대는 하나님을 거스르지
말라 그대를 멸하실까 하노라 하나
22 요시야가 몸을 돌이켜 떠나기를 싫
어하고 오히려 변장하고 그와 싸
우고자 하여 하나님의 입에서 나온
느고의 말을 듣지 아니하고 므깃도
골짜기에 이르러 싸울 때에
23 활 쏘는 자가 요시야 왕을 쏜지라
왕이 그의 신하들에게 이르되 내가
중상을 입었으니 나를 도와 나가게
하라
24 그 부하들이 그를 병거에서 내리게
하고 그의 버금 병거에 태워 예루
살렘에 이른 후에 그가 죽으니 그
의 조상들의 묘실에 장사되니라 온
유다와 예루살렘 사람들이 요시야
를 슬퍼하고
25 예레미야는 그를 위하여 애가를 지
었으며 모든 노래하는 남자들과 여
자들은 요시야를 슬피 노래하니 이
스라엘에 규례가 되어 오늘까지 이
르렀으며 그 가사는 애가 중에 기
록되었더라
26 요시야의 남은 사적과 야훼의 율
법에 기록된 대로 행한 모든 선한
일과
27 그의 처음부터 끝까지의 행적은 이
스라엘과 유다 열왕기에 기록되니라
36 그 땅의 백성이 요시야의 아들 여
호아하스를 세워 그의 아버지를 대
신하여 예루살렘에서 왕으로 삼으니
2 여호아하스가 왕위에 오를 때에 나
이가 이십삼 세더라 그가 예루살렘
에서 다스린 지 석 달에
3 애굽 왕이 예루살렘에서 그의 왕위
를 폐하고 또 그 나라에 은 백 달란
트와 금 한 달란트를 벌금으로 내
게 하며
4 애굽 왕 느고가 또 그의 형제 엘리
아김을 세워 유다와 예루살렘 왕으
로 삼고 그의 이름을 고쳐 여호야
김이라 하고 그의 형제 여호아하스
를 애굽으로 잡아갔더라
5 여호야김이 왕위에 오를 때에 나이
가 이십오 세라 예루살렘에서 십일
년 동안 다스리며 그의 하나님 야
훼 보시기에 악을 행하였더라
6 바벨론 왕 느부갓네살이 올라와서
그를 치고 그를 쇠사슬로 결박하여

7

8

9

10

11

12

13

14

15

16

17

18

19

20

기록일 : . . .

서 갈대아 왕과 그의 자손의 노예
가 되어 바사국이 통치할 때까지
이르니라
21 이에 토지가 황폐하여 땅이 안식년
을 누림 같이 안식하여 칠십 년을
지냈으니 야훼께서 예레미야의 입
으로 하신 말씀이 이루어졌더라
22 바사의 고레스 왕 원년에 야훼께서
예레미야의 입으로 하신 말씀을 이
루시려고 야훼께서 바사의 고레스
왕의 마음을 감동시키시매 그가 온
나라에 공포도 하고 조서도 내려
이르되
23 바사 왕 고레스가 이같이 말하노니
하늘의 신 야훼께서 세상 만국을
내게 주셨고 나에게 명령하여 유다
예루살렘에 성전을 건축하라 하셨
나니 너희 중에 그의 백성된 자는
다 올라갈지어다 너희 하나님 야훼
께서 함께 하시기를 원하노라 하였
더라

기록일 : . . .

EZRA

에스라

저 자 에스라

주 제 성전 재건과 신앙 개혁을 통한 야훼 신앙 공동체의 확립

기록목적 70년간의 바벨론 포로 생활과 귀환 이후의 여러 가지 어려움은 백성들로 하여금 신앙 공동체로서의 정체성을 흐리게 하였다. 따라서 에스라는 신앙의 중심점인 성전 재건 사업에 대한 기사와 이방인들과 통혼한 백성들에 대한 강력한 개혁 조치를 기록함으로써 이스라엘 백성들이 여전히 하나님의 사랑을 받고 있는 언약 백성임을 알게 하려 하였다.

기록배경 에스라는 시기적으로 크게 두 부분으로 나누어진다. 첫째는 스룹바벨을 주축으로 한 1차 귀환이며1-6장, 둘째는 에스라를 주축으로 한 2차 귀환이다7-10장. 1장부터 6장까지는 주전 586년경 바벨론에 포로로 끌려갔던 이스라엘 백성들이 예레미야의 예언대로렘 25:11,12 70년간의 포로 생활을 겪은 후 주전 538년경 고레스의 칙령에 의하여 귀환하는 내용을 다루고 있다. 귀환민들은 파괴된 성전을 재건하고 신앙 공동체를 다시 확립하려 했으며, 수많은 역경과 방해 속에서도 성전을 재건하고 유월절 절기를 지킨다. 7장부터는 주전 458년경 에스라의 인도 아래 이루어진 2차 귀환에 대하여 기록하고 있다. 특히 에스라는 세월이 흐르면서 점차 흐트러진 이스라엘 백성들의 신앙심을 질책한다.

특 징
- 에스라는 성전 재건 과정을 부각함으로써 하나님의 택하신 백성으로서의 예배와 신앙을 강조하고 있다.
- 에스라는 하나님께서 이스라엘과의 언약을 잊지 않으셨음을 강조한다.
- 에스라는 포로 귀환과 성전 재건 사업이 하나님의 은혜와 하나님의 능력으로 진행됨을 강조하고 있다.
- 에스라는 이스라엘 백성이 야훼 신앙의 공동체로서 신앙의 순수성을 지켜야 함을 강조한다.

나의 기도

에스라

1 바사 왕 고레스 원년에 야훼께서
예레미야의 입을 통하여 하신 말씀
을 이루게 하시려고 바사 왕 고레
스의 마음을 감동시키시매 그가 온
나라에 공포도 하고 조서도 내려
이르되
2 바사 왕 고레스는 말하노니 하늘의
하나님 야훼께서 세상 모든 나라를
내게 주셨고 나에게 명령하사 유다
예루살렘에 성전을 건축하라 하셨
나니
3 이스라엘의 하나님은 참 신이시라
너희 중에 그의 백성 된 자는 다 유
다 예루살렘으로 올라가서 이스라
엘의 하나님 야훼의 성전을 건축하
라 그는 예루살렘에 계신 하나님이
시라
4 그 남아 있는 백성이 어느 곳에 머
물러 살든지 그 곳 사람들이 마땅
히 은과 금과 그 밖의 물건과 짐승
으로 도와 주고 그 외에도 예루살
렘에 세울 하나님의 성전을 위하
여 예물을 기쁘게 드릴지니라 하였
더라
5 이에 유다와 베냐민 족장들과 제사
장들과 레위 사람들과 그 마음이
하나님께 감동을 받고 올라가서 예
루살렘에 야훼의 성전을 건축하고
자 하는 자가 다 일어나니
6 그 사면 사람들이 은 그릇과 금과
물품들과 짐승과 보물로 돕고 그
외에도 예물을 기쁘게 드렸더라
7 고레스 왕이 또 야훼의 성전 그릇
을 꺼내니 옛적에 느부갓네살이 예
루살렘에서 옮겨다가 자기 신들의
신당에 두었던 것이라
8 바사 왕 고레스가 창고지기 미드르
닷에게 명령하여 그 그릇들을 꺼내
어 세어서 유다 총독 세스바살에게
넘겨주니
9 그 수는 금 접시가 서른 개요 은 접
시가 천 개요 칼이 스물아홉 개요
10 금 대접이 서른 개요 그보다 못한
은 대접이 사백열 개요 그밖의 그
릇이 천 개이니
11 금, 은 그릇이 모두 오천사백 개라
사로잡힌 자를 바벨론에서 예루살
렘으로 데리고 갈 때에 세스바살이
그 그릇들을 다 가지고 갔더라

2 옛적에 바벨론 왕 느부갓네살에
게 사로잡혀 바벨론으로 갔던 자들
의 자손들 중에서 놓임을 받고 예
루살렘과 유다 도로 돌아와 각기
각자의 성읍으로 돌아간 자
2 곧 스룹바벨과 예수아와 느헤미야
와 스라야와 르엘라야와 모르드개

기록일 : . . .

3
4
5
6
7
8
9
10
11
12
13
14
15
16
17
18
19
20
21
22
23
24
25
26

27
28
29
30
31
32
33
34
35
36
37
38
39
40
41
42
43
44

기록일 : . . .

45 르바나 자손과 하가바 자손과 악굽
자손과
46 하갑 자손과 사믈래 자손과 하난
자손과
47 깃델 자손과 가할 자손과 르아야
자손과
48 르신 자손과 느고다 자손과 갓삼
자손과
49 웃사 자손과 바세아 자손과 베새
자손과
50 아스나 자손과 므우님 자손과 느부
심 자손과
51 박북 자손과 하그바 자손과 할훌
자손과
52 바슬룻 자손과 므히다 자손과 하르
사 자손과
53 바르고스 자손과 시스라 자손과 데
마 자손과
54 느시야 자손과 하디바 자손이었더라
55 솔로몬의 신하의 자손은 소대 자손
과 하소베렛 자손과 브루다 자손과
56 야알라 자손과 다르곤 자손과 깃델
자손과
57 스바댜 자손과 하딜 자손과 보게렛
하스바임 자손과 아미 자손이니
58 모든 느디님 사람과 솔로몬의 신하
의 자손이 삼백구십이 명이었더라
59 델멜라와 델하르사와 그룹과 앗단
과 임멜에서 올라온 자가 있으나
그들의 조상의 가문과 선조가 이
스라엘에 속하였는지 밝힐 수 없었
더라
60 그들은 들라야 자손과 도비야 자손
과 느고다 자손이라 모두 육백오십
이 명이요
61 제사장 중에는 하바야 자손과 학고
스 자손과 바르실래 자손이니 바르
실래는 길르앗 사람 바르실래의 딸
중의 한 사람을 아내로 삼고 바르
실래의 이름을 따른 자라
62 이 사람들은 계보 중에서 자기 이
름을 찾아도 얻지 못하므로 그들을
부정하게 여겨 제사장의 직분을 행
하지 못하게 하고
63 방백이 그들에게 명령하여 우림과
둠밈을 가진 제사장이 일어나기
전에는 지성물을 먹지 말라 하였느
니라
64 온 회중의 합계가 사만 이천삼백육
십 명이요
65 그 외에 남종과 여종이 칠천삼백삼
십칠 명이요 노래하는 남녀가 이백
명이요
66 말이 칠백삼십육이요 노새가 이백
사십오요
67 낙타가 사백삼십오요 나귀가 육천
칠백이십이었더라
68 어떤 족장들이 예루살렘에 있는 여
호와의 성전 터에 이르러 하나님의 전
을 그 곳에 다시 건축하려고 예물

기록일 : . . .

를 기쁘게 드리되
69 힘 자라는 대로 공사하는 금고에
들이니 금이 육만 천 다릭이요 은이
오천 마네요 제사장의 옷이 백 벌
이었더라
70 이에 제사장들과 레위 사람들과 백
성 몇 명과 노래하는 자들과 문지기
들과 느디님 사람들이 각자의 성읍에
살았고 이스라엘 무리도 각자의 성
읍에 살았느니라

3

이스라엘 자손이 각자의 성읍에
살았더니 일곱째 달에 이르러 백성이
일제히 예루살렘에 모인지라
2 요사닥의 아들 예수아와 그의 형
제 제사장들과 스알디엘의 아들 스
룹바벨과 그의 형제들이 다 일어나
이스라엘 하나님의 제단을 만들고
하나님의 사람 모세의 율법에 기록
한 대로 번제를 그 위에서 드리려
할새
3 무리가 모든 나라 백성을 두려워
하여 제단을 그 터에 세우고 그 위
에서 아침 저녁으로 야훼께 번제를
드리며
4 기록된 규례대로 초막절을 지켜 번
제를 매일 정수대로 날마다 드리고
5 그 후에는 항상 드리는 번제와 초
하루와 야훼의 모든 거룩한 절기의
번제와 사람이 야훼께 기쁘게 드리
는 예물을 드리되
6 일곱째 달 초하루부터 비로소 야훼
께 번제를 드렸으나 그 때에 야훼
의 성전 지대는 아직 놓지 못한지라
7 이에 석수와 목수에게 돈을 주고
또 시돈 사람과 두로 사람에게 먹
을 것과 마실 것과 기름을 주고 바
사 왕 고레스의 명령대로 백향목을
레바논에서 욥바 해변까지 운송하
게 하였더라
8 예루살렘에 있는 하나님의 성전에
이른 지 이 년 둘째 달에 스알디엘
의 아들 스룹바벨과 요사닥의 아들
예수아와 다른 형제 제사장들과 레
위 사람들과 무릇 사로잡혔다가 예
루살렘에 돌아온 자들이 공사를 시
작하고 이십 세 이상의 레위 사람
들을 세워 야훼의 성전 공사를 감
독하게 하매
9 이에 예수아와 그의 아들들과 그
의 형제들과 갓미엘과 그의 아들들
과 유다 자손과 헤나닷 자손과 그
의 형제 레위 사람들이 일제히 일어
나 하나님의 성전 일꾼들을 감독하
니라
10 건축자가 야훼의 성전의 기초를 놓
을 때에 제사장들은 예복을 입고
나팔을 들고 아삽 자손 레위 사람
들은 제금을 들고 서서 이스라엘
왕 다윗의 규례대로 야훼를 찬송
하되

기록일 : . . .

11 찬양으로 화답하며 야훼께 감사하
여 이르되 주는 지극히 선하시므로
그의 인자하심이 이스라엘에게 영
원하시도다 하니 모든 백성이 야훼
의 성전 기초가 놓임을 보고 야훼
를 찬송하며 큰 소리로 즐거이 부
르며
12 제사장들과 레위 사람들과 나이 많
은 족장들은 첫 성전을 보았으므로
이제 이 성전의 기초가 놓임을 보고
대성통곡하였으나 여러 사람은 기
쁨으로 크게 함성을 지르니
13 백성이 크게 외치는 소리가 멀리 들
리므로 즐거이 부르는 소리와 통곡
하는 소리를 백성들이 분간하지 못
하였더라

4 사로잡혔던 자들의 자손이 이스
라엘의 하나님 야훼의 성전을 건축
한다 함을 유다와 베냐민의 대적이
듣고
2 스룹바벨과 족장들에게 나아와 이
르되 우리도 너희와 함께 건축하게
하라 우리도 너희 같이 너희 하나님
을 찾노라 앗수르 왕 에살핫돈이 우
리를 이리로 오게 한 날부터 우리가
하나님께 제사를 드리노라 하니
3 스룹바벨과 예수아와 기타 이스라
엘 족장들이 이르되 우리 하나님의
성전을 건축하는 데 너희는 우리와
상관이 없느니라 바사 왕 고레스가
우리에게 명령하신 대로 우리가 이
스라엘의 하나님 야훼를 위하여 홀
로 건축하리라 하였더니
4 이로부터 그 땅 백성이 유다 백성
의 손을 약하게 하여 그 건축을 방
해하되
5 바사 왕 고레스의 시대부터 바사
왕 다리오가 즉위할 때까지 관리들
에게 뇌물을 주어 그 계획을 막았
으며
6 또 아하수에로가 즉위할 때에 그들
이 글을 올려 유다와 예루살렘 주
민을 고발하니라
7 아닥사스다 때에 비슬람과 미드르
닷과 다브엘과 그의 동료들이 바사
왕 아닥사스다에게 글을 올렸으니
그 글은 아람 문자와 아람 방언으
로 써서 진술하였더라
8 방백 르훔과 서기관 심새가 아닥사
스다 왕에게 올려 예루살렘 백성을
고발한 그 글에
9 방백 르훔과 서기관 심새와 그의
동료 디나 사람과 아바삿 사람과
다블래 사람과 아바새 사람과 아렉
사람과 바벨론 사람과 수산 사람과
데해 사람과 엘람 사람과
10 그 밖에 백성 곧 존귀한 오스납발
이 사마리아 성과 유브라데 강 건
너편 다른 땅에 옮겨 둔 자들과 함
께 고발한다 하였더라

기록일 : . . .

11

12

13

14

15

16

17

18

19

20

21

22

23

24

5

기록일 : . . .

님의 이름으로 유다와 예루살렘에
거주하는 유다 사람들에게 예언하
였더니
2 이에 스알디엘의 아들 스룹바벨과
요사닥의 아들 예수아가 일어나 예
루살렘에 있던 하나님의 성전을 다
시 건축하기 시작하매 하나님의 선
지자들이 함께 있어 그들을 돕더니
3 그 때에 유브라데 강 건너편 총독
닷드내와 스달보스내와 그들의 동
관들이 다 나아와 그들에게 이르되
누가 너희에게 명령하여 이 성전을
건축하고 이 성곽을 마치게 하였느
냐 하기로
4 우리가 이 건축하는 자의 이름을
아뢰었으나
5 하나님이 유다 장로들을 돌보셨으
므로 그들이 능히 공사를 막지 못
하고 이 일을 다리오에게 아뢰고
그 답장이 오기를 기다렸더라
6 유브라데 강 건너편 총독 닷드내와
스달보스내와 그들의 동관인 유브
라데 강 건너편 아바삭 사람이 다
리오 왕에게 올린 글의 초본은 이
러하니라
7 그 글에 일렀으되 다리오 왕은 평
안하옵소서
8 왕께 아뢰옵나이다 우리가 유다 도
에 가서 지극히 크신 하나님의 성전
에 나아가 본즉 성전을 큰 돌로 세
우며 벽에 나무를 얹고 부지런히 일
하므로 공사가 그 손에서 형통하옵
기에
9 우리가 그 장로들에게 물어보기를
누가 너희에게 명령하여 이 성전을
건축하고 이 성곽을 마치라고 하였
느냐 하고
10 우리가 또 그 우두머리들의 이름을
적어 왕에게 아뢰고자 하여 그들의
이름을 물은즉
11 그들이 우리에게 대답하여 이르기
를 우리는 천지의 하나님의 종이라
예전에 건축되었던 성전을 우리가
다시 건축하노라 이는 본래 이스라
엘의 큰 왕이 건축하여 완공한 것
이었으나
12 우리 조상들이 하늘에 계신 하나님
을 노엽게 하였으므로 하나님이 그
들을 갈대아 사람 바벨론 왕 느부
갓네살의 손에 넘기시매 그가 이
성전을 헐며 이 백성을 사로잡아 바
벨론으로 옮겼더니
13 바벨론 왕 고레스 원년에 고레스
왕이 조서를 내려 하나님의 이 성전
을 다시 건축하게 하고
14 또 느부갓네살이 예루살렘 하나님
의 성전 안에서 금, 은 그릇을 옮
겨다가 바벨론 신당에 두었던 것을
고레스 왕이 그 신당에서 꺼내어
그가 세운 총독 세스바살이라고 부

기록일 : . . .

르는 자에게 내주고
15 일러 말하되 너는 이 그릇들을 가
지고 가서 예루살렘 성전에 두고
하나님의 전을 제자리에 건축하게
하라
16 이에 이 세스바살이 이르러 예루살
렘 하나님의 성전 지대를 놓았고
그 때로부터 지금까지 건축하여 오
나 아직도 마치지 못하였다 하였사
오니
17 이제 왕께서 좋게 여기시거든 바벨
론에서 왕의 보물전각에서 조사하
사 과연 고레스 왕이 조서를 내려
하나님의 이 성전을 예루살렘에 다
시 건축하라 하셨는지 보시고 왕은
이 일에 대하여 왕의 기쁘신 뜻을
우리에게 보이소서 하였더라

6 이에 다리오 왕이 조서를 내려 문
서창고 곧 바벨론의 보물을 쌓아 둔
보물전각에서 조사하게 하여
2 메대도 악메다 궁성에서 한 두루마
리를 찾았으니 거기에 기록하였으되
3 고레스 왕 원년에 조서를 내려 이
르기를 예루살렘에 있는 하나님의
성전에 대하여 이르노니 이 성전 곧
제사 드리는 처소를 건축하되 지대
를 견고히 쌓고 그 성전의 높이는
육십 규빗으로, 너비도 육십 규빗으
로 하고
4 큰 돌 세 켜에 새 나무 한 켜를 놓
으라 그 경비는 다 왕실에서 나리라
5 또 느부갓네살이 예루살렘 성전에
서 탈취하여 바벨론으로 옮겼던 하
나님의 성전 금, 은 그릇들을 돌려
보내어 예루살렘 성전에 가져다가
하나님의 성전 안 각기 제자리에
둘지니라 하였더라
6 이제 유브라데 강 건너편 총독 닷
드내와 스달보스내와 너희 동관 유
브라데 강 건너편 아바삭 사람들은
그 곳을 멀리하여
7 하나님의 성전 공사를 막지 말고
유다 총독과 장로들이 하나님의 이
성전을 제자리에 건축하게 하라
8 내가 또 조서를 내려서 하나님의
이 성전을 건축함에 대하여 너희가
유다 사람의 장로들에게 행할 것을
알리노니 왕의 재산 곧 유브라데
강 건너편에서 거둔 세금 중에서 그
경비를 이 사람들에게 끊임없이 주
어 그들로 멈추지 않게 하라
9 또 그들이 필요로 하는 것 곧 하늘
의 하나님께 드릴 번제의 수송아
지와 숫양과 어린 양과 또 밀과 소
금과 포도주와 기름을 예루살렘
제사장의 요구대로 어김없이 날마
다 주어
10 그들이 하늘의 하나님께 향기로운
제물을 드려 왕과 왕자들의 생명을
위하여 기도하게 하라

기록일 : . . .

11 내가 또 명령을 내리노니 누구를
막론하고 이 명령을 변조하면 그의
집에서 들보를 빼내고 그를 그 위
에 매어달게 하고 그의 집은 이로
말미암아 거름더미가 되게 하라
12 만일 왕들이나 백성이 이 명령을 변
조하고 손을 들어 예루살렘 하나님
의 성전을 헐진대 그 곳에 이름을
두신 하나님이 그들을 멸하시기를
원하노라 나 다리오가 조서를 내렸
노니 신속히 행할지어다 하였더라
13 다리오 왕의 조서가 내리매 유브라
데 강 건너편 총독 닷드내와 스달
보스내와 그들의 동관들이 신속히
준행하니라
14 유다 사람의 장로들이 선지자 학개
와 잇도의 손자 스가랴의 권면을
따랐으므로 성전 건축하는 일이 형
통한지라 이스라엘 하나님의 명령
과 바사 왕 고레스와 다리오와 아
닥사스다의 조서를 따라 성전을 건
축하며 일을 끝내되
15 다리오 왕 제육년 아달월 삼일에
성전 일을 끝내니라
16 이스라엘 자손과 제사장들과 레위
사람들과 기타 사로잡혔던 자의 자
손이 즐거이 하나님의 성전 봉헌식
을 행하니
17 하나님의 성전 봉헌식을 행할 때
에 수소 백 마리와 숫양 이백 마리
와 어린 양 사백 마리를 드리고 또
이스라엘 지파의 수를 따라 숫염소
열두 마리로 이스라엘 전체를 위하
여 속죄제를 드리고
18 제사장을 그 분반대로, 레위 사람
을 그 순차대로 세워 예루살렘에서
하나님을 섬기게 하되 모세의 책에
기록된 대로 하게 하니라
19 사로잡혔던 자의 자손이 첫째 달
십사일에 유월절을 지키되
20 제사장들과 레위 사람들이 일제히
몸을 정결하게 하여 다 정결하매
사로잡혔던 자들의 모든 자손과 자
기 형제 제사장들과 자기를 위하여
유월절 양을 잡으니
21 사로잡혔다가 돌아온 이스라엘 자
손과 자기 땅에 사는 이방 사람의
더러운 것으로부터 스스로를 구별
한 모든 이스라엘 사람들에게 속하
여 이스라엘의 하나님 야훼를 찾는
자들이 다 먹고
22 즐거움으로 이레 동안 무교절을 지
켰으니 이는 야훼께서 그들을 즐겁
게 하시고 또 앗수르 왕의 마음을
그들에게로 돌려 이스라엘의 하나
님이신 하나님의 성전 건축하는 손
을 힘 있게 하도록 하셨음이었더라
7 이 일 후에 바사 왕 아닥사스다가
왕위에 있을 때에 에스라라 하는
자가 있으니라 그는 스라야의 아들

기록일 : . . .

2

3

4

5

6

7

8

9

10

11

12

13

14

15

16

17

기록일 : . . .

18 그 나머지 은금은 너와 너의 형제
가 좋게 여기는 일에 너희 하나님
의 뜻을 따라 쓸지며
19 네 하나님의 성전에서 섬기는 일을
위하여 네게 준 그릇은 예루살렘
하나님 앞에 드리고
20 그 외에도 네 하나님의 성전에 쓰
일 것이 있어서 네가 드리고자 하거
든 무엇이든지 궁중창고에서 내다
가 드릴지니라
21 나 곧 아닥사스다 왕이 유브라데
강 건너편 모든 창고지기에게 조서
를 내려 이르기를 하늘의 하나님의
율법 학자 겸 제사장 에스라가 무
릇 너희에게 구하는 것을 신속히
시행하되
22 은은 백 달란트까지, 밀은 백 고르
까지, 포도주는 백 밧까지, 기름도
백 밧까지 하고 소금은 정량 없이
하라
23 무릇 하늘의 하나님의 전을 위하여
하늘의 하나님이 명령하신 것은 삼
가 행하라 어찌하여 진노가 왕과
왕자의 나라에 임하게 하랴
24 내가 너희에게 이르노니 제사장들
이나 레위 사람들이나 노래하는 자
들이나 문지기들이나 느디님 사람
들이나 혹 하나님의 성전에서 일하
는 자들에게 조공과 관세와 통행세
를 받는 것이 옳지 않으니라 하였
노라
25 에스라여 너는 네 손에 있는 네 하
나님의 지혜를 따라 네 하나님의
율법을 아는 자를 법관과 재판관을
삼아 강 건너편 모든 백성을 재판
하게 하고 그 중 알지 못하는 자는
너희가 가르치라
26 무릇 네 하나님의 명령과 왕의 명
령을 준행하지 아니하는 자는 속히
그 죄를 정하여 혹 죽이거나 귀양
보내거나 가산을 몰수하거나 옥에
가둘지니라 하였더라
27 우리 조상들의 하나님 야훼를 송축
할지로다 그가 왕의 마음에 예루살
렘 야훼의 성전을 아름답게 할 뜻
을 두시고
28 또 나로 왕과 그의 보좌관들 앞과
왕의 권세 있는 모든 방백의 앞에
서 은혜를 얻게 하셨도다 내 하나
님 야훼의 손이 내 위에 있으므로
내가 힘을 얻어 이스라엘 중에 우
두머리들을 모아 나와 함께 올라오
게 하였노라

8

아닥사스다 왕이 왕위에 있을 때
에 나와 함께 바벨론에서 올라온 족
장들과 그들의 계보는 이러하니라
2 비느하스 자손 중에서는 게르솜이
요 이다말 자손 중에서는 다니엘이
요 다윗 자손 중에서는 핫두스요
3 스가냐 자손 곧 바로스 자손 중에

4

5

6

7

8

9

10

11

12

13

14

15

16

17

18

19

기록일 : . . .

20 다윗과 방백들이 레위 사람들을 섬
기라고 준 느디님 사람 중 성전 일
꾼은 이백이십 명이었는데 그들은
모두 지명 받은 이들이었더라
21 그 때에 내가 아하와 강 가에서 금
식을 선포하고 우리 하나님 앞에서
스스로 겸비하여 우리와 우리 어린
아이와 모든 소유를 위하여 평탄한
길을 그에게 간구하였으니
22 이는 우리가 전에 왕에게 아뢰기
를 우리 하나님의 손은 자기를 찾
는 모든 자에게 선을 베푸시고 자
기를 배반하는 모든 자에게는 권능
과 진노를 내리신다 하였으므로 길
에서 적군을 막고 우리를 도울 보
병과 마병을 왕에게 구하기를 부끄
러워 하였음이라
23 그러므로 우리가 이를 위하여 금식
하며 우리 하나님께 간구하였더니
그의 응낙하심을 입었느니라
24 그 때에 내가 제사장의 우두머리들
중 열두 명 곧 세레뱌와 하사뱌와
그의 형제 열 명을 따로 세우고
25 그들에게 왕과 모사들과 방백들과
또 그 곳에 있는 이스라엘 무리가
우리 하나님의 성전을 위하여 드린
은과 금과 그릇들을 달아서 주었
으니
26 내가 달아서 그들 손에 준 것은 은
이 육백오십 달란트요 은 그릇이
백 달란트요 금이 백 달란트며
27 또 금잔이 스무 개라 그 무게는 천
다릭이요 또 아름답고 빛나 금 같
이 보배로운 놋 그릇이 두 개라
28 내가 그들에게 이르되 너희는 야훼
께 거룩한 자요 이 그릇들도 거룩하
고 그 은과 금은 너희 조상들의 하
나님 야훼께 즐거이 드린 예물이니
29 너희는 예루살렘 야훼의 성전 골방
에 이르러 제사장들과 레위 사람
의 우두머리들과 이스라엘의 족장
들 앞에서 이 그릇을 달기까지 삼
가 지키라
30 이에 제사장들과 레위 사람들이 은
과 금과 그릇을 예루살렘 우리 하
나님의 성전으로 가져가려 하여 그
무게대로 받으니라
31 첫째 달 십이 일에 우리가 아하와
강을 떠나 예루살렘으로 갈새 우리
하나님의 손이 우리를 도우사 대적
과 길에 매복한 자의 손에서 건지
신지라
32 이에 예루살렘에 이르러 거기서 삼
일 간 머물고
33 제사일에 우리 하나님의 성전에서
은과 금과 그릇을 달아서 제사장
우리아의 아들 므레못의 손에 넘기
니 비느하스의 아들 엘르아살과 레
위 사람 예수아의 아들 요사밧과
빈누이의 아들 노아댜가 함께 있어

기록일 : . . .

34 모든 것을 다 세고 달아 보고 그
무게의 총량을 그 때에 기록하였느
니라
35 사로잡혔던 자의 자손 곧 이방에
서 돌아온 자들이 이스라엘 하나
님께 번제를 드렸는데 이스라엘 전
체를 위하여 수송아지가 열두 마
리요 숫양이 아흔여섯 마리요 어린
양이 일흔일곱 마리요 또 속죄제의
숫염소가 열두 마리니 모두 여호와께
드린 번제물이라
36 무리가 또 왕의 조서를 왕의 총독
들과 유브라데 강 건너편 총독들에
게 넘겨 주매 그들이 백성과 하나
님의 성전을 도왔느니라

9

이 일 후에 방백들이 내게 나아와
이르되 이스라엘 백성과 제사장들
과 레위 사람들이 이 땅 백성들에
게서 떠나지 아니하고 가나안 사람
들과 헷 사람들과 브리스 사람들과
여부스 사람들과 암몬 사람들과 모
압 사람들과 애굽 사람들과 아모리
사람들의 가증한 일을 행하여
2 그들의 딸을 맞이하여 아내와 며느
리로 삼아 거룩한 자손이 그 지방
사람들과 서로 섞이게 하는데 방백
들과 고관들이 이 죄에 더욱 으뜸
이 되었다 하는지라
3 내가 이 일을 듣고 속옷과 겉옷을
찢고 머리털과 수염을 뜯으며 기가
막혀 앉으니
4 이에 이스라엘의 하나님의 말씀으
로 말미암아 떠는 자가 사로잡혔
던 이 사람들의 죄 때문에 다 내게
로 모여 오더라 내가 저녁 제사 드
릴 때까지 기가 막혀 앉았더니
5 저녁 제사를 드릴 때에 내가 근심
중에 일어나서 속옷과 겉옷을 찢은
채 무릎을 꿇고 나의 하나님 여호
와를 향하여 손을 들고
6 말하기를 나의 하나님이여 내가 부
끄럽고 낯이 뜨거워서 감히 나의
하나님을 향하여 얼굴을 들지 못하
오니 이는 우리 죄악이 많아 정수리
에 넘치고 우리 허물이 커서 하늘에
미침이니이다
7 우리 조상들의 때로부터 오늘까지
우리의 죄가 심하매 우리의 죄악으
로 말미암아 우리와 우리 왕들과
우리 제사장들을 여러 나라 왕들의
손에 넘기사 칼에 죽으며 사로잡히
며 노략을 당하며 얼굴을 부끄럽게
하심이 오늘날과 같으니이다
8 이제 우리 하나님 여호와께서 우리에
게 잠시 동안 은혜를 베푸사 얼마
를 남겨 두어 피하게 하신 우리를
그 거룩한 처소에 박힌 못과 같게
하시고 우리 하나님이 우리 눈을
밝히사 우리가 종노릇 하는 중에서
조금 소생하게 하셨나이다

기록일 : . . .

9 우리가 비록 노예가 되었사오나 우
리 하나님이 우리를 그 종살이하는
중에 버려 두지 아니하시고 바사 왕
들 앞에서 우리가 불쌍히 여김을 입
고 소생하여 우리 하나님의 성전을
세우게 하시며 그 무너진 것을 수리
하게 하시며 유다와 예루살렘에서
우리에게 울타리를 주셨나이다
10 우리 하나님이여 이렇게 하신 후에
도 우리가 주의 계명을 저버렸사오
니 이제 무슨 말씀을 하오리이까
11 전에 주께서 주의 종 선지자들에게
명령하여 이르시되 너희가 가서 얻
으려 하는 땅은 더러운 땅이니 이
는 이방 백성들이 더럽고 가증한 일
을 행하여 이 끝에서 저 끝까지 그
더러움으로 채웠음이라
12 그런즉 너희 여자들을 그들의 아들
들에게 주지 말고 그들의 딸들을
너희 아들들을 위하여 데려오지 말
며 그들을 위하여 평화와 행복을
영원히 구하지 말라 그리하면 너희
가 왕성하여 그 땅의 아름다운 것
을 먹으며 그 땅을 자손에게 물려
주어 영원한 유산으로 물려 주게
되리라 하셨나이다
13 우리의 악한 행실과 큰 죄로 말미
암아 이 모든 일을 당하였사오나
우리 하나님이 우리 죄악보다 형벌
을 가볍게 하시고 이만큼 백성을
남겨 주셨사오니
14 우리가 어찌 다시 주의 계명을 거
역하고 이 가증한 백성들과 통혼하
오리이까 그리하면 주께서 어찌 우
리를 멸하시고 남아 피할 자가 없
도록 진노하시지 아니하시리이까
15 이스라엘의 하나님 야훼여 주는 의
로우시니 우리가 남아 피한 것이 오
늘날과 같사옵거늘 도리어 주께 범
죄하였사오니 이로 말미암아 주 앞
에 한 사람도 감히 서지 못하겠나
이다 하니라

10 에스라가 하나님의 성전 앞에 엎
드려 울며 기도하여 죄를 자복할 때
에 많은 백성이 크게 통곡하매 이스
라엘 중에서 백성의 남녀와 어린 아
이의 큰 무리가 그 앞에 모인지라
2 엘람 자손 중 여히엘의 아들 스가냐
가 에스라에게 이르되 우리가 우리
하나님께 범죄하여 이 땅 이방 여자
를 맞이하여 아내로 삼았으나 이스
라엘에게 아직도 소망이 있나니
3 곧 내 주의 교훈을 따르며 우리 하
나님의 명령을 떨며 준행하는 자의
가르침을 따라 이 모든 아내와 그
들의 소생을 다 내보내기로 우리
하나님과 언약을 세우고 율법대로
행할 것이라
4 이는 당신이 주장할 일이니 일어나
소서 우리가 도우리니 힘써 행하소

행하라 하니라

5 이에 에스라가 일어나 제사장들과
레위 사람들과 온 이스라엘에게 이
말대로 행하기를 맹세하게 하매 무
리가 맹세하는지라

6 이에 에스라가 하나님의 성전 앞에
서 일어나 엘리아십의 아들 여호하
난의 방으로 들어가니라 그가 들어
가서 사로잡혔던 자들의 죄를 근심
하여 음식도 먹지 아니하며 물도 마
시지 아니하더니

7 유다와 예루살렘에 사로잡혔던 자
들의 자손들에게 공포하기를 너희
는 예루살렘으로 모이라

8 누구든지 방백들과 장로들의 훈시
를 따라 삼일 내에 오지 아니하면
그의 재산을 적몰하고 사로잡혔던
자의 모임에서 쫓아내리라 하매

9 유다와 베냐민 모든 사람들이 삼
일 내에 예루살렘에 모이니 때는
아홉째 달 이십일이라 무리가 하나
님의 성전 앞 광장에 앉아서 이 일
과 큰 비 때문에 떨고 있더니

10 제사장 에스라가 일어나 그들에게
이르되 너희가 범죄하여 이방 여자
를 아내로 삼아 이스라엘의 죄를 더
하게 하였으니

11 이제 너희 조상들의 하나님 여호와
께 자복하고 그의 뜻대로 행하여
그 지방 사람들과 이방 여인을 끊
어 버리라 하니

12 모든 회중이 큰 소리로 대답하여
이르되 당신의 말씀대로 우리가 마
땅히 행할 것이니이다

13 그러나 백성이 많고 또 큰 비가 내
리는 때니 능히 밖에 서지 못할 것
이요 우리가 이 일로 크게 범죄하였
은즉 하루 이틀에 할 일이 아니니

14 이제 온 회중을 위하여 우리의 방
백들을 세우고 우리 모든 성읍에
서 이방 여자에게 장가든 자는 다
기한을 정하여 각 성읍의 장로들과
재판장과 함께 오게 하여 이 일로 인
한 하나님의 진노가 우리에게서 떠나
게 하라 하였으나

15 오직 아사헬의 아들 요나단과 디과
의 아들 야스야가 일어나 이를 반
[illegible]
대니

16 [illegible]
[illegible]
[illegible]
[illegible]
[illegible]

17 [illegible]
[illegible]
하기를 마치니라

18 제사장의 무리 중에 이방 여인을
아내로 맞이한 자는 예수아 자손
중 요사닥의 아들과 그의 형제 마

기록일 : . . .

아세야와 엘리에셀과 야립과 그달
랴라
19 그들이 다 손을 잡아 맹세하여 그
들의 아내를 내보내기로 하고 또
그 죄로 말미암아 숫양 한 마리를
속건제로 드렸으며
20 또 임멜 자손 중에서는 하나니와
스바댜요
21 하림 자손 중에서는 마아세야와 엘
리야와 스마야와 여히엘과 웃시야요
22 바스훌 자손 중에서는 엘료에내와
마아세야와 이스마엘과 느다넬과
요사밧과 엘라사였더라
23 레위 사람 중에서는 요사밧과 시므
이와 글라야라 하는 글리다와 브다
히야와 유다와 엘리에셀이었더라
24 노래하는 자 중에서는 엘리아십이
요 문지기 중에서는 살룸과 델렘과
우리였더라
25 이스라엘 중에서는 바로스 자손 중
에서는 라먀와 잇시야와 말기야와
미야민과 엘르아살과 말기야와 브
나야요
26 엘람 자손 중에서는 맛다냐와 스가
랴와 여히엘과 압디와 여레못과 엘
리야요
27 삿두 자손 중에서는 엘료에내와 엘
리아십과 맛다냐와 여레못과 사밧
과 아시사요
28 베배 자손 중에서는 여호하난과 하
나냐와 삽배와 아들래요
29 바니 자손 중에서는 므술람과 말룩
과 아다야와 야숩과 스알과 여레못
이요
30 바핫모압 자손 중에서는 앗나와 글
랄과 브나야와 마아세야와 맛다냐
와 브살렐과 빈누이와 므낫세요
31 하림 자손 중에서는 엘리에셀과
잇시야와 말기야와 스마야와 시므
온과
32 베냐민과 말룩과 스마랴요
33 하숨 자손 중에서는 맛드내와 맛닷
다와 사밧과 엘리벨렛과 여레매와
므낫세와 시므이요
34 바니 자손 중에서는 마아대와 아므
람과 우엘과
35 브나야와 베드야와 글루히와
36 와냐와 므레못과 에랴십과
37 맛다냐와 맛드내와 야아수와
38 바니와 빈누이와 시므이와
39 셀레먀와 나단과 아다야와
40 막나드배와 사새와 사래와
41 아사렐과 셀레먀와 스마랴와
42 살룸과 아마랴와 요셉이요
43 느보 자손 중에서는 여이엘과 맛디
디야와 사밧과 스비내와 잇도와 요
엘과 브나야더라
44 이상은 모두 이방 여인을 아내로
맞이한 자라 그 중에는 자녀를 낳
은 여인도 있었더라

NEHEMIAH

느헤미야

저　　자　　느헤미야

주　　제　　예루살렘 성벽 재건과 신앙의 회복

기록목적　　에스라에 이어서, 본서는 3차 포로 귀환, 예루살렘 성벽 재건, 예루살렘 중심의 정착 과정, 언약의 갱신과 신앙 개혁 사건을 다루고 있다. 이를 통하여 이스라엘 백성을 향한 하나님의 변함없는 사랑을 보여 주고자 했으며, 신앙 공동체로서 이스라엘의 신앙적 정체성을 확립하려 했다.

기록배경　　주전 445년경, 바사페르시아 제국의 아닥사스다 치하에서 술 관원으로 있던 느헤미야는 스룹바벨과 에스라에 의해 이루어진 제 1, 2차 귀환민들이 고통을 겪고 있다는 소식을 듣게 되었다. 결국 아닥사스다의 허가로 유다의 총독으로 임명받은 느헤미야는 주전 444년경 일단의 귀환민들과 함께 제3차 귀환을 하게 되었다. 느헤미야는 주전 433년경까지 유다의 총독으로 있는 동안 예루살렘의 성벽을 재건하였고, 귀환민들의 가계를 조사하여 예루살렘을 중심으로 백성들을 정착시켰다. 뿐만 아니라 언약을 갱신하여 신앙 공동체로서의 틀을 확립하였으며, 성대한 성벽 봉헌식을 거행하여 하나님 중심의 공동체를 확인하였다. 그러나 느헤미야가 바사로 돌아가 있는 일 년여 동안 백성들은 다시 죄를 저지르게 되었으며, 돌아온 느헤미야는 강력한 종교 개혁을 단행하였다.

특　　징

- 에스라의 종교 개혁이 상세히 기록되어 있으며, 에스라 시대의 역사적 상황과 연결되어 있어 에스라와의 긴밀한 연관성을 보여 준다.
- 에스라가 성전 재건에 대한 상황과 사건을 보여 준다면, 느헤미야는 예루살렘 성의 성벽 재건과 백성들의 예루살렘 정착 과정을 생생하게 묘사한다.
- 느헤미야 자신이 주도한 사건에 대해서는 1인칭으로 서술하고, 에스라 및 다른 사람들이 주도한 사건에 대해서는 객관적인 입장에서 3인칭으로 묘사한다.
- 정치가인 느헤미야의 관점으로 종교, 정치, 사회, 외교 등 폭넓은 차원에서 구약 최후의 역사를 담고 있다.

나의 기도

느헤미야

1 하가랴의 아들 느헤미야의 말이
라 아닥사스다 왕 제이십년 기슬르
월에 내가 수산 궁에 있는데
2 내 형제들 가운데 하나인 하나니
가 두어 사람과 함께 유다에서 내
게 이르렀기로 내가 그 사로잡힘을
면하고 남아 있는 유다와 예루살렘
사람들의 형편을 물은즉
3 그들이 내게 이르되 사로잡힘을 면
하고 남아 있는 자들이 그 지방 거
기에서 큰 환난을 당하고 능욕을
받으며 예루살렘 성은 허물어지고
성문들은 불탔다 하는지라
4 내가 이 말을 듣고 앉아서 울고 수
일 동안 슬퍼하며 하늘의 하나님
앞에 금식하며 기도하여
5 이르되 하늘의 하나님 야훼 크고
두려우신 하나님이여 주를 사랑하
고 주의 계명을 지키는 자에게 언
약을 지키시며 긍휼을 베푸시는 주
여 간구하나이다
6 이제 종이 주의 종들인 이스라엘
자손을 위하여 주야로 기도하오며
우리 이스라엘 자손이 주께 범죄한
죄들을 자복하오니 주는 귀를 기울
이시며 눈을 여시사 종의 기도를 들
으시옵소서 나와 내 아버지의 집이
범죄하여
7 주를 향하여 크게 악을 행하여 주
께서 주의 종 모세에게 명령하신
계명과 율례와 규례를 지키지 아니
하였나이다
8 옛적에 주께서 주의 종 모세에게
명령하여 이르시되 만일 너희가 범
죄하면 내가 너희를 여러 나라 가
운데에 흩을 것이요
9 만일 내게로 돌아와 내 계명을 지
켜 행하면 너희 쫓긴 자가 하늘 끝
에 있을지라도 내가 거기서부터 그
들을 모아 내 이름을 두려고 택한
곳에 돌아오게 하리라 하신 말씀을
이제 청하건대 기억하옵소서
10 이들은 주께서 일찍이 큰 권능과
강한 손으로 구속하신 주의 종들이
요 주의 백성이니이다
11 주여 구하오니 귀를 기울이사 종의
기도와 주의 이름을 경외하기를 기
뻐하는 종들의 기도를 들으시고 오
늘 종이 형통하여 이 사람들 앞에
서 은혜를 입게 하옵소서 하였나니
그 때에 내가 왕의 술 관원이 되었
느니라

2 아닥사스다 왕 제이십년 니산월에
왕 앞에 포도주가 있기로 내가 그
포도주를 왕에게 드렸는데 이전에
는 내가 왕 앞에서 수심이 없었더니

기록일 : . .

2

3

4

5

6

7

8

9

10

11

12

13

14

15

기록일 : . . .

벽을 살펴본 후에 돌아서 골짜기
문으로 들어와 돌아왔으나
16 방백들은 내가 어디 갔었으며 무엇
을 하였는지 알지 못하였고 나도
그 일을 유다 사람들에게나 제사장
들에게나 귀족들에게나 방백들에
게나 그 외에 일하는 자들에게 알
리지 아니하다가
17 후에 그들에게 이르기를 우리가 당
한 곤경은 너희도 보고 있는 바라
예루살렘이 황폐하고 성문이 불탔
으니 자, 예루살렘 성을 건축하여
다시 수치를 당하지 말자 하고
18 또 그들에게 하나님의 선한 손이
나를 도우신 일과 왕이 내게 이른
말씀을 전하였더니 그들의 말이 일
어나 건축하자 하고 모두 힘을 내
어 이 선한 일을 하려 하매
19 호론 사람 산발랏과 종이었던 암몬
사람 도비야와 아라비아 사람 게셈
이 이 말을 듣고 우리를 업신여기고
우리를 비웃어 이르되 너희가 하는
일이 무엇이냐 너희가 왕을 배반하
고자 하느냐 하기로
20 내가 그들에게 대답하여 이르되 하
늘의 하나님이 우리를 형통하게 하
시리니 그의 종들인 우리가 일어나
건축하려니와 오직 너희에게는 예
루살렘에서 아무 기업도 없고 권리
도 없고 기억되는 바도 없다 하였
느니라

3

그 때에 대제사장 엘리아십이 그
의 형제 제사장들과 함께 일어나 양
문을 건축하여 성별하고 문짝을 달
고 또 성벽을 건축하여 함메아 망대
에서부터 하나넬 망대까지 성별하
였고
2 그 다음은 여리고 사람들이 건축하
였고 또 그 다음은 이므리의 아들
삭굴이 건축하였으며
3 어문은 하스나아의 자손들이 건축
하여 그 들보를 얹고 문짝을 달고
자물쇠와 빗장을 갖추었고
4 그 다음은 학고스의 손자 우리아의
아들 므레못이 중수하였고 그 다음
은 므세사벨의 손자 베레갸의 아들
므술람이 중수하였고 그 다음은 바
아나의 아들 사독이 중수하였고
5 그 다음은 드고아 사람들이 중수하
였으나 그 귀족들은 그들의 주인들
의 공사를 분담하지 아니하였으며
6 옛 문은 바세아의 아들 요야다와
브소드야의 아들 므술람이 중수하
여 그 들보를 얹고 문짝을 달고 자
물쇠와 빗장을 갖추었고
7 그 다음은 기브온 사람 믈라댜와
메로놋 사람 야돈이 강 서쪽 총독의
관할에 속한 기브온 사람들 및 미스
바 사람들과 더불어 중수하였고
8 그 다음은 금장색 할해야의 아들

웃시엘 등이 중수하였고 그 다음은
향품 장사 하나냐 등이 중수하되
그들이 예루살렘의 넓은 성벽까
지였고
9 그 다음은 예루살렘 지방의 절반을
다스리는 후르의 아들 르바야가 중
수하였고
10 그 다음은 하루맙의 아들 여다야가 자
기 집과 마주 대한 곳을 중수하
였고 그 다음은 하삽느야의 아들
핫두스가 중수하였고
11 하림의 아들 말기야와 바핫모압의 아
들 핫숩이 한 부분과 화덕 망대
를 중수하였고
12 그 다음은 예루살렘 지방 절반을
다스리는 할로헤스의 아들 살룸과
그의 딸들이 중수하였고
13 골짜기 문은 하눈과 사노아 주민이
중수하여 문을 세우며 문짝을 달고
자물쇠와 빗장을 갖추고 또 분문까
지 성벽 천 규빗을 중수하였고
14 분문은 벧학게렘 지방을 다스리는 레
갑의 아들 말기야가 중수하여 문
을 세우며 문짝을 달고 자물쇠와
빗장을 갖추었고
15 샘문은 미스바 지방을 다스리는 골
호세의 아들 살룬이 중수하여 문을
세우고 덮었으며 문짝을 달고 자물
쇠와 빗장을 갖추고 또 왕의 동산
근처 셀라 못 가의 성벽을 중수하
여 다윗 성에서 내려오는 층계까지
이르렀고
16 그 다음은 벧술 지방 절반을 다스
리는 아스북의 아들 느헤미야가 중
수하여 다윗의 묘실과 마주 대한
곳에 이르고 또 파서 만든 못을 지
나 용사의 집까지 이르렀고
17 그 다음은 레위 사람 바니의 아들
르훔이 중수하였고 그 다음은 그일
라 지방 절반을 다스리는 하사뱌가
그 지방을 대표하여 중수하였고
18 그 다음은 그들의 형제들 중 그
일라 지방 절반을 다스리는 헤나
닷의 아들 바왜가 중수하였고
19 그 다음은 미스바를 다스리는 예수
아의 아들 에셀이 한 부분을 중수
하여 성 굽이에 있는 군기고 맞은편
까지 이르렀고
20 그 다음은 삽개의 아들 바룩이 한
부분을 힘써 중수하여 성 굽이에서
부터 대제사장 엘리아십의 집 문에
이르렀고
21 그 다음은 학고스의 손자 우리야의
아들 므레못이 한 부분을 중수하여
엘리아십의 집 문에서부터 엘리아
십의 집 모퉁이에 이르렀고
22 그 다음은 평지에 사는 제사장들이
중수하였고
23 그 다음은 베냐민과 핫숩이 자기
집 맞은편 부분을 중수하였고 그

기록일 : . . .

다음은 아나냐의 손자 마아세야의
아들 아사랴가 자기 집에서 가까운
부분을 중수하였고
24 그 다음은 헤나닷의 아들 빈누이가
한 부분을 중수하되 아사랴의 집에
서부터 성 굽이를 지나 성 모퉁이에
이르렀고
25 우새의 아들 발랄은 성 굽이 맞은
편과 왕의 윗 궁에서 내민 망대 맞
은편 곧 시위청에서 가까운 부분을
중수하였고 그 다음은 바로스의 아
들 브다야가 중수하였고
26 (그 때에 느디님 사람은 오벨에 거
주하여 동쪽 수문과 마주 대한 곳
에서부터 내민 망대까지 이르렀느
니라)
27 그 다음은 드고아 사람들이 한 부
분을 중수하여 내민 큰 망대와 마
주 대한 곳에서부터 오벨 성벽까지
이르렀느니라
28 마문 위로부터는 제사장들이 각각
자기 집과 마주 대한 부분을 중수
하였고
29 그 다음은 임멜의 아들 사독이 자
기 집과 마주 대한 부분을 중수하
였고 그 다음은 동문지기 스가냐의
아들 스마야가 중수하였고
30 그 다음은 셀레먀의 아들 하나냐와
살랍의 여섯째 아들 하눈이 한 부
분을 중수하였고 그 다음은 베레갸
의 아들 므술람이 자기의 방과 마
주 대한 부분을 중수하였고
31 그 다음은 금장색 말기야가 함밉갓
문과 마주 대한 부분을 중수하여
느디님 사람과 상인들의 집에서부
터 성 모퉁이 성루에 이르렀고
32 성 모퉁이 성루에서 양문까지는 금
장색과 상인들이 중수하였느니라

4 산발랏이 우리가 성을 건축한다
함을 듣고 크게 분노하여 유다 사
람들을 비웃으며
2 자기 형제들과 사마리아 군대 앞에
서 일러 말하되 이 미약한 유다 사
람들이 하는 일이 무엇인가, 스스로
견고하게 하려는가, 제사를 드리려
는가, 하루에 일을 마치려는가 불
탄 돌을 흙 무더기에서 다시 일으키
려는가 하고
3 암몬 사람 도비야는 곁에 있다가
이르되 그들이 건축하는 돌 성벽은
여우가 올라가도 곧 무너지리라 하
더라
4 우리 하나님이여 들으시옵소서 우
리가 업신여김을 당하나이다 원하
건대 그들이 욕하는 것을 자기들의
머리에 돌리사 노략거리가 되어 이
방에 사로잡히게 하시고
5 주 앞에서 그들의 악을 덮어 두지
마시며 그들의 죄를 도말하지 마옵
소서 그들이 건축하는 자 앞에서 주

6

7

8

9

10

11

12

13

14

15

16

17

18

19

20

기록일 : . . .

21 우리가 이같이 공사하는데 무리의
절반은 동틀 때부터 별이 나기까지
창을 잡았으며
22 그 때에 내가 또 백성에게 말하기
를 사람마다 그 종자와 함께 예루
살렘 안에서 잘지니 밤에는 우리를
위하여 파수하겠고 낮에는 일하리
라 하고
23 나나 내 형제들이나 종자들이나 나
를 따라 파수하는 사람들이나 우리
가 다 우리의 옷을 벗지 아니하였
으며 물을 길으러 갈 때에도 각각
병기를 잡았느니라

5

그 때에 백성들이 그들의 아내와
함께 크게 부르짖어 그들의 형제인
유다 사람들을 원망하는데
2 어떤 사람은 말하기를 우리와 우리
자녀가 많으니 양식을 얻어 먹고 살
아야 하겠다 하고
3 어떤 사람은 말하기를 우리가 밭과
포도원과 집이라도 저당 잡히고 이
흉년에 곡식을 얻자 하고
4 어떤 사람은 말하기를 우리는 밭과
포도원으로 돈을 빚내서 왕에게 세
금을 바쳤도다
5 우리 육체도 우리 형제의 육체와
같고 우리 자녀도 그들의 자녀와
같거늘 이제 우리 자녀를 종으로
파는도다 우리 딸 중에 벌써 종된
자가 있고 우리의 밭과 포도원이
이미 남의 것이 되었으나 우리에게
는 아무런 힘이 없도다 하더라
6 내가 백성의 부르짖음과 이런 말을
듣고 크게 노하였으나
7 깊이 생각하고 귀족들과 민장들을
꾸짖어 그들에게 이르기를 너희가
각기 형제에게 높은 이자를 취하는
도다 하고 대회를 열고 그들을 쳐서
8 그들에게 이르기를 우리는 이방인
의 손에 팔린 우리 형제 유다 사람
들을 우리의 힘을 다하여 도로 찾
았거늘 너희는 너희 형제를 팔고자
하느냐 더구나 우리의 손에 팔리게
하겠느냐 하매 그들이 잠잠하여 말
이 없기로
9 내가 또 이르기를 너희의 소행이
좋지 못하도다 우리의 대적 이방
사람의 비방을 생각하고 우리 하
나님을 경외하는 가운데 행할 것이
아니냐
10 나와 내 형제와 종자들도 역시 돈
과 양식을 백성에게 꾸어 주었거니
와 우리가 그 이자 받기를 그치자
11 그런즉 너희는 그들에게 오늘이라
도 그들의 밭과 포도원과 감람원과
집이며 너희가 꾸어 준 돈이나 양
식이나 새 포도주나 기름의 백분의
일을 돌려보내라 하였더니
12 그들이 말하기를 우리가 당신의 말
씀대로 행하여 돌려보내고 그들에

어서 아무것도 요구하지 아니하리
이다 하기로 내가 제사장들을 불러
그들에게 그 말대로 행하겠다고 맹
세하게 하고
13 나도 옷자락을 털며 이르기를 이
같이 행하지 아니하는 자는 모두
하나님이 이와 같이 그 집과 산
업에서 털어 버리실지니 그는 곧
이렇게 털려서 빈손이 될지로다 하
매 회중이 다 아멘 하고 여호와를 찬
송하고 백성들이 그 말한 대로 행
하였느니라
14 또한 유다 땅 총독으로 세움을 받
은 때 곧 아닥사스다 왕 제이십년
부터 제삼십이년까지 십이 년 동안
은 나와 내 형제들이 총독의 녹을
먹지 아니하였느니라
15 나보다 먼저 있었던 총독들은 백성
에게서, 양식과 포도주와 또 은 사
십 세겔을 그들에게서 빼앗았고 또
한 그들의 종자들도 백성을 압제하
였으나 나는 하나님을 경외하므로
이같이 행하지 아니하고
16 도리어 이 성벽 공사에 힘을 다하며
땅을 사지 아니하였고 내 모든 종
자들도 모여서 일을 하였으며
17 또 내 상에는 유다 사람들과 민장
들 백오십 명이 있고 그 외에도 우
리 주위에 있는 이방 족속들 중에서
우리에게 나아온 자들이 있었는데
18 매일 소 한 마리와 살
진 양 여섯 마리를 준비하며 닭도
많이 준비하고 열흘에 한 번씩은
각종 포도주를 갖추었나니 비록 이
같이 하였을지라도 내가 총독의 녹
을 요구하지 아니하였음은 이 백성
의 부역이 중함이었더라
19 내 하나님이여 내가 이 백성을 위
하여 행한 모든 일을 기억하사 내
게 은혜를 베푸시옵소서
6 산발랏과 도비야와 아라비아 사
람 게셈과 그 나머지 우리의 원수
들이 내가 성벽을 건축하여 허물어
진 틈을 남기지 아니하였다 함을
들었는데 그 때는 내가 아직 성문
에 문짝을 달지 못한 때였더라
2 산발랏과 게셈이 내게 사람을 보내
어 이르기를 오라 우리가 오노 평지
한 촌에서 서로 만나자 하니 실상
은 나를 해하고자 함이었더라
3 내가 곧 그들에게 사자들을 보내어
이르기를 내가 이제 큰 역사를 하
니 내려가지 못하겠노라 어찌하여
역사를 중지하게 하고 너희에게로
내려가겠느냐 하매
4 그들이 네 번이나 이같이 내게 사
람을 보내되 나는 꼭 같이 대답하
였더니
5 산발랏이 다섯 번째는 그 종자의
손에 봉하지 않은 편지를 들려 내

기록일 : . . .

게 보냈는데
6 그 글에 이르기를 이방 중에도 소
문이 있고 가스무도 말하기를 너와
유다 사람들이 모반하려 하여 성벽
을 건축한다 하나니 네가 그 말과
같이 왕이 되려 하는도다
7 또 네가 선지자를 세워 예루살렘에
서 너를 들어 선전하기를 유다에 왕
이 있다 하게 하였으니 지금 이 말
이 왕에게 들릴지라 그런즉 너는 이
제 오라 함께 의논하자 하였기로
8 내가 사람을 보내어 그에게 이르기
를 네가 말한 바 이런 일은 없는 일
이요 네 마음에서 지어낸 것이라 하
였나니
9 이는 그들이 다 우리를 두렵게 하
고자 하여 말하기를 그들의 손이
피곤하여 역사를 중지하고 이루지
못하리라 함이라 이제 내 손을 힘
있게 하옵소서 하였노라
10 이 후에 므헤다벨의 손자 들라야의
아들 스마야가 두문불출 하기로 내
가 그 집에 가니 그가 이르기를 그
들이 너를 죽이러 올 터이니 우리가
하나님의 전으로 가서 외소 안에 머
물고 그 문을 닫자 저들이 반드시
밤에 와서 너를 죽이리라 하기로
11 내가 이르기를 나 같은 자가 어찌
도망하며 나 같은 몸이면 누가 외
소에 들어가서 생명을 보존하겠느
냐 나는 들어가지 않겠노라 하고
12 깨달은즉 그는 하나님께서 보내신
바가 아니라 도비야와 산발랏에게
뇌물을 받고 내게 이런 예언을 함
이라
13 그들이 뇌물을 준 까닭은 나를 두
렵게 하고 이렇게 함으로 범죄하게
하고 악한 말을 지어 나를 비방하
려 함이었느니라
14 내 하나님이여 도비야와 산발랏과
여선지 노아댜와 그 남은 선지자들
곧 나를 두렵게 하고자 한 자들의
소행을 기억하옵소서 하였노라
15 성벽 역사가 오십이 일 만인 엘룰월
이십오일에 끝나매
16 우리의 모든 대적과 주위에 있는
이방 족속들이 이를 듣고 다 두려
워하여 크게 낙담하였으니 그들이
우리 하나님께서 이 역사를 이루신
것을 앎이니라
17 또한 그 때에 유다의 귀족들이 여
러 번 도비야에게 편지하였고 도비
야의 편지도 그들에게 이르렀으니
18 도비야는 아라의 아들 스가냐의 사
위가 되었고 도비야의 아들 여호하
난도 베레갸의 아들 므술람의 딸을
아내로 맞이하였으므로 유다에서
그와 동맹한 자가 많음이라
19 그들이 도비야의 선행을 내 앞에
말하고 또 내 말도 그에게 전하매

도비야가 내게 편지하여 나를 두렵
게 하고자 하였느니라

7

성벽이 건축되매 문짝을 달고 문
지기와 노래하는 자들과 레위 사람
들을 세운 후에
2 내 아우 하나니와 영문의 관원 하
나냐가 함께 예루살렘을 다스리게
하였는데 하나냐는 충성스러운 사
람이요 하나님을 경외함이 무리 중
에서 뛰어난 자라
3 내가 그들에게 이르기를 해가 높이
뜨기 전에는 예루살렘 성문을 열지
말고 아직 파수할 때에 곧 문을 닫
고 빗장을 지르며 또 예루살렘 주
민이 각각 자기가 지키는 곳에서 파
수하되 자기 집 맞은편을 지키게
하라 하였노니
4 그 성읍은 광대하고 그 주민은 적
으며 가옥은 미처 건축하지 못하였
음이니라
5 내 하나님이 내 마음을 감동하사
귀족들과 민장들과 백성을 모아 그
계보대로 등록하게 하시므로 내가
처음으로 돌아온 자의 계보를 얻었
는데 거기에 기록된 것을 보면
6 옛적에 바벨론 왕 느부갓네살에게
사로잡혀 갔던 자들 중에서 놓임을
받고 예루살렘과 유다에 돌아와 각
기 자기들의 성읍에 이른 자들 곧
7 스룹바벨과 예수아와 느헤미야와
아사랴와 라아먀와 나하마니와 모
르드개와 빌산과 미스베렛과 비그
왜와 느훔과 바아나와 함께 나온 이
스라엘 백성의 명수가 이러하니라
8 바로스 자손이 이천백칠십이 명이요
9 스바댜 자손이 삼백칠십이 명이요
10 아라 자손이 육백오십이 명이요
11 바핫모압 자손 곧 예수아와 요압
자손이 이천팔백십팔 명이요
12 엘람 자손이 천이백오십사 명이요
13 삿두 자손이 팔백사십오 명이요
14 삭개 자손이 칠백육십 명이요
15 빈누이 자손이 육백사십팔 명이요
16 브배 자손이 육백이십팔 명이요
17 아스갓 자손이 이천삼백이십이 명
이요
18 아도니감 자손이 육백육십칠 명이요
19 비그왜 자손이 이천육십칠 명이요
20 아딘 자손이 육백오십오 명이요
21 아델 자손 곧 히스기야 자손이 구
십팔 명이요
22 하숨 자손이 삼백이십팔 명이요
23 베새 자손이 삼백이십사 명이요
24 하립 자손이 백십이 명이요
25 기브온 사람이 구십오 명이요
26 베들레헴과 느도바 사람이 백팔십
팔 명이요
27 아나돗 사람이 백이십팔 명이요
28 벧아스마웻 사람이 사십이 명이요
29 기럇여아림과 그비라와 브에롯 사

기록일 : . . .

람이 칠백사십삼 명이요
30 라마와 게바 사람이 육백이십일 명
이요
31 믹마스 사람이 백이십이 명이요
32 벧엘과 아이 사람이 백이십삼 명
이요
33 기타 느보 사람이 오십이 명이요
34 기타 엘람 자손이 천이백오십사 명
이요
35 하림 자손이 삼백이십 명이요
36 여리고 자손이 삼백사십오 명이요
37 로드와 하딧과 오노 자손이 칠백이
십일 명이요
38 스나아 자손이 삼천 구백삼십 명이
었느니라
39 제사장들은 예수아의 집 여다야 자
손이 구백칠십삼 명이요
40 임멜 자손이 천오십이 명이요
41 바스훌 자손이 천이백사십칠 명이요
42 하림 자손이 천십칠 명이었느니라
43 레위 사람들은 호드야 자손 곧 예수
아와 갓미엘 자손이 칠십사 명이요
44 노래하는 자들은 아삽 자손이 백사
십팔 명이요
45 문지기들은 살룸 자손과 아델 자손
과 달문 자손과 악굽 자손과 하디
다 자손과 소배 자손이 모두 백삼
십팔 명이었느니라
46 느디님 사람들은 시하 자손과 하수
바 자손과 답바옷 자손과
47 게로스 자손과 시아 자손과 바돈
자손과
48 르바나 자손과 하가바 자손과 살매
자손과
49 하난 자손과 깃델 자손과 가할 자
손과
50 르아야 자손과 르신 자손과 느고다
자손과
51 갓삼 자손과 웃사 자손과 바세아
자손과
52 베새 자손과 므우님 자손과 느비스
심 자손과
53 박북 자손과 하그바 자손과 할훌
자손과
54 바슬릿 자손과 므히다 자손과 하르
사 자손과
55 바르고스 자손과 시스라 자손과 데
마 자손과
56 느시야 자손과 하디바 자손이었느
니라
57 솔로몬의 신하의 자손은 소대 자손
과 소베렛 자손과 브리다 자손과
58 야알라 자손과 다르곤 자손과 깃델
자손과
59 스바댜 자손과 핫딜 자손과 보게렛
하스바임 자손과 아몬 자손이니
60 모든 느디님 사람과 솔로몬의 신하
의 자손이 삼백구십이 명이었느니라
61 델멜라와 델하르사와 그룹과 앗돈
과 임멜로부터 올라온 자가 있으나

기록일 : . . .

62

63

64

65

66

67

68

69

70

71

72

73

8

2

3

4

와 미사엘과 말기야와 하숨과 하스
밧다나와 스가랴와 므술람이라
5 에스라가 모든 백성 위에 서서 그
들 목전에 책을 펴니 책을 펼 때에
모든 백성이 일어서니라
6 에스라가 위대하신 하나님 야훼를
송축하매 모든 백성이 손을 들고
아멘 아멘 하고 응답하고 몸을 굽
혀 얼굴을 땅에 대고 야훼께 경배
하니라
7 예수아와 바니와 세레뱌와 야민과
악굽과 사브대와 호디야와 마아세
야와 그리다와 아사랴와 요사밧과
하난과 블라야와 레위 사람들은 백
성이 제자리에 서 있는 동안 그들
에게 율법을 깨닫게 하였는데
8 하나님의 율법책을 낭독하고 그 뜻
을 해석하여 백성에게 그 낭독하는
것을 다 깨닫게 하니
9 백성이 율법의 말씀을 듣고 다 우는
지라 총독 느헤미야와 제사장 겸 학
사 에스라와 백성을 가르치는 레위
사람들이 모든 백성에게 이르기를
오늘은 너희 하나님 야훼의 성일이
니 슬퍼하지 말며 울지 말라 하고
10 느헤미야가 또 그들에게 이르기를
너희는 가서 살진 것을 먹고 단 것
을 마시되 준비하지 못한 자에게는
나누어 주라 이 날은 우리 주의 성
일이니 근심하지 말라 야훼로 인하
여 기뻐하는 것이 너희의 힘이니라
하고
11 레위 사람들도 모든 백성을 정숙
하게 하여 이르기를 오늘은 성일이
니 마땅히 조용하고 근심하지 말
라 하니
12 모든 백성이 곧 가서 먹고 마시며
나누어 주고 크게 즐거워하니 이는
그들이 그 읽어 들려 준 말을 밝히
앎이라
13 그 이튿날 뭇 백성의 족장들과 제
사장들과 레위 사람들이 율법의 말
씀을 밝히 알고자 하여 학사 에스
라에게 모여서
14 율법에 기록된 바를 본즉 야훼께서
모세를 통하여 명령하시기를 이스
라엘 자손은 일곱째 달 절기에 초
막에서 거할지니라 하였고
15 또 일렀으되 모든 성읍과 예루살렘
에 공포하여 이르기를 너희는 산에
가서 감람나무 가지와 들감람나무
가지와 화석류나무 가지와 종려나
무 가지와 기타 무성한 나무 가지
를 가져다가 기록한 바를 따라 초
막을 지으라 하라 한지라
16 백성이 이에 나가서 나뭇가지를 가
져다가 혹은 지붕 위에, 혹은 뜰 안
에, 혹은 하나님의 전 뜰에, 혹은
수문 광장에, 혹은 에브라임 문 광
장에 초막을 짓되

기록일 : . . .

17 사로잡혔다가 돌아온 회중이 다 초
막을 짓고 그 안에서 거하니 눈의
아들 여호수아 때로부터 그 날까지
이스라엘 자손이 이같이 행한 일이
없었으므로 이에 크게 기뻐하며
18 에스라는 첫날부터 끝날까지 날마
다 하나님의 율법책을 낭독하고 무
리가 이레 동안 절기를 지키고 여덟
째 날에 규례를 따라 성회를 열었
느니라

9 그 달 스무나흗 날에 이스라엘 자
손이 다 모여 금식하며 굵은 베 옷
을 입고 티끌을 무릅쓰며
2 모든 이방 사람들과 절교하고 서서
자기의 죄와 조상들의 허물을 자복
하고
3 이 날에 낮 사분의 일은 그 제자리
에 서서 그들의 하나님 야훼의 율
법책을 낭독하고 낮 사분의 일은
죄를 자복하며 그들의 하나님 야훼
께 경배하는데
4 레위 사람 예수아와 바니와 갓미엘
과 스바냐와 분니와 세레뱌와 바니
와 그나니는 단에 올라서서 큰 소리
로 그들의 하나님 야훼께 부르짖고
5 또 레위 사람 예수아와 갓미엘과
바니와 하삽느야와 세레뱌와 호디
야와 스바냐와 브다히야는 이르기
를 너희 무리는 마땅히 일어나 영
원부터 영원까지 계신 너희 하나님
야훼를 송축할지어다 주여 주의 영
화로운 이름을 송축하올 것은 주의
이름이 존귀하여 모든 송축이나 찬
양에서 뛰어남이니이다
6 오직 주는 야훼시라 하늘과 하늘들
의 하늘과 일월 성신과 땅과 땅 위
의 만물과 바다와 그 가운데 모든
것을 지으시고 다 보존하시오니 모
든 천군이 주께 경배하나이다
7 주는 하나님 야훼시라 옛적에 아브
람을 택하시고 갈대아 우르에서 인
도하여 내시고 아브라함이라는 이
름을 주시고
8 그의 마음이 주 앞에서 충성됨을
보시고 그와 더불어 언약을 세우사
가나안 족속과 헷 족속과 아모리
족속과 브리스 족속과 여부스 족속
과 기르가스 족속의 땅을 그의 씨
에게 주리라 하시더니 그 말씀대로
이루셨사오매 주는 의로우심이로소
이다
9 주께서 우리 조상들이 애굽에서 고
난 받는 것을 감찰하시며 홍해에서
그들의 부르짖음을 들으시고
10 이적과 기사를 베푸사 바로와 그
의 모든 신하와 그의 나라 온 백성
을 치셨사오니 이는 그들이 우리의
조상들에게 교만하게 행함을 아셨
음이라 주께서 오늘과 같이 명예를
얻으셨나이다

기록일 : . . .

11 또 주께서 우리 조상들 앞에서 바
다를 갈라지게 하사 그들이 바다
가운데를 육지 같이 통과하게 하시
고 쫓아오는 자들을 돌을 큰 물에
던짐 같이 깊은 물에 던지시고
12 낮에는 구름 기둥으로 인도하시고
밤에는 불 기둥으로 그들이 행할
길을 그들에게 비추셨사오며
13 또 시내 산에 강림하시고 하늘에서
부터 그들과 말씀하사 정직한 규례
와 진정한 율법과 선한 율례와 계
명을 그들에게 주시고
14 거룩한 안식일을 그들에게 알리시며
주의 종 모세를 통하여 계명과 율례
와 율법을 그들에게 명령하시고
15 그들의 굶주림 때문에 그들에게 양
식을 주시며 그들의 목마름 때문에
그들에게 반석에서 물을 내시고 또
주께서 옛적에 손을 들어 맹세하시
고 주겠다고 하신 땅을 들어가서
차지하라 말씀하셨사오나
16 그들과 우리 조상들이 교만하고 목
을 굳게 하여 주의 명령을 듣지 아
니하고
17 거역하며 주께서 그들 가운데에서
행하신 기사를 기억하지 아니하고
목을 굳게 하며 패역하여 스스로
한 우두머리를 세우고 종 되었던
땅으로 돌아가고자 하였나이다 그
러나 주께서는 용서하시는 하나님
이시라 은혜로우시며 긍휼히 여기
시며 더디 노하시며 인자가 풍부하
시므로 그들을 버리지 아니하셨나
이다
18 또 그들이 자기들을 위하여 송아지
를 부어 만들고 이르기를 이는 곧
너희를 인도하여 애굽에서 나오게
한 신이라 하여 하나님을 크게 모
독하였사오나
19 주께서는 주의 크신 긍휼로 그들
을 광야에 버리지 아니하시고 낮에
는 구름 기둥이 그들에게서 떠나지
아니하고 길을 인도하며 밤에는 불
기둥이 그들이 갈 길을 비추게 하셨
사오며
20 또 주의 선한 영을 주사 그들을 가
르치시며 주의 만나가 그들의 입에
서 끊어지지 않게 하시고 그들의 목
마름을 인하여 그들에게 물을 주어
21 사십 년 동안 들에서 기르시되 부
족함이 없게 하시므로 그 옷이 해
어지지 아니하였고 발이 부르트지
아니하였사오며
22 또 나라들과 족속들을 그들에게 각
각 나누어 주시매 그들이 시혼의
땅 곧 헤스본 왕의 땅과 바산 왕
옥의 땅을 차지하였나이다
23 주께서 그들의 자손을 하늘의 별같
이 많게 하시고 전에 그들의 열조
에게 들어가서 차지하라고 말씀하

기록일 : . . .

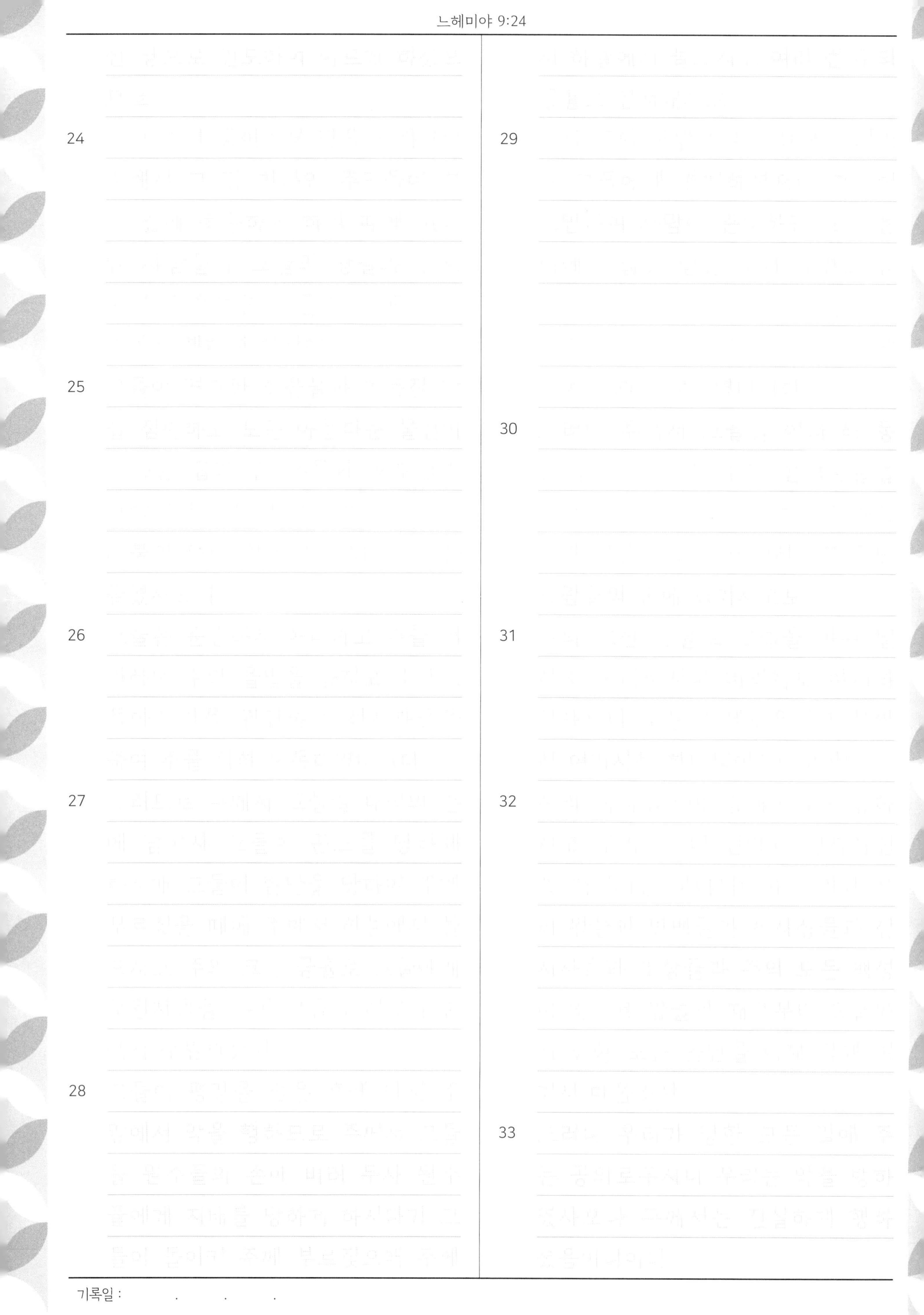

24

25

26

27

28

29

30

31

32

33

기록일 : . . .

34 우리 왕들과 방백들과 제사장들과
조상들이 주의 율법을 지키지 아니
하며 주의 명령과 주께서 그들에
게 경계하신 말씀을 순종하지 아니
하고
35 그들이 그 나라와 주께서 그들에
게 베푸신 큰 복과 자기 앞에 주신
넓고 기름진 땅을 누리면서도 주를
섬기지 아니하며 악행을 그치지 아
니하였으므로
36 우리가 오늘날 종이 되었는데 곧
주께서 우리 조상들에게 주사 그
것의 열매를 먹고 그것의 아름다운
소산을 누리게 하신 땅에서 우리가
종이 되었나이다
37 우리의 죄로 말미암아 주께서 우리
위에 세우신 이방 왕들이 이 땅의
많은 소산을 얻고 그들이 우리의
몸과 가축을 임의로 관할하오니 우
리의 곤란이 심하오며
38 우리가 이 모든 일로 말미암아 이
제 견고한 언약을 세워 기록하고
우리의 방백들과 레위 사람들과 제
사장들이 다 인봉하나이다 하였느
니라

10

그 인봉한 자는 하가랴의 아들 총
독 느헤미야와 시드기야,
2 스라야, 아사랴, 예레미야,
3 바스훌, 아마랴, 말기야,
4 핫두스, 스바냐, 말룩,
5 하림, 므레못, 오바댜,
6 다니엘, 긴느돈, 바룩,
7 므술람, 아비야, 미야민,
8 마아시야, 빌개, 스마야이니 이는
제사장들이요
9 또 레위 사람 곧 아사냐의 아들 예
수아, 헤나닷의 자손 중 빈누이, 갓
미엘과
10 그의 형제 스바냐, 호디야, 그리다,
블라야, 하난,
11 미가, 르홉, 하사뱌,
12 삭굴, 세레뱌, 스바냐,
13 호디야, 바니, 브니누요
14 또 백성의 우두머리들 곧 바로스,
바핫모압, 엘람, 삿두, 바니,
15 분니, 아스갓, 베배,
16 아도니야, 비그왜, 아딘,
17 아델, 히스기야, 앗술,
18 호디야, 하숨, 베새,
19 하립, 아나돗, 노배,
20 막비아스, 므술람, 헤실,
21 므세사벨, 사독, 얏두아,
22 블라댜, 하난, 아나야,
23 호세아, 하나냐, 핫숩,
24 할르헤스, 빌하, 소벡,
25 르훔, 하삽나, 마아세야,
26 아히야, 하난, 아난,
27 말룩, 하림, 바아나이니라
28 그 남은 백성과 제사장들과 레위
사람들과 문지기들과 노래하는 자

들과 느디님 사람들과 및 이방 사
람과 절교하고 하나님의 율법을 준
행하는 모든 자와 그들의 아내와
그들의 자녀들 곧 지식과 총명이 있
는 자들은
29 다 그들의 형제 귀족들을 따라 저
주로 맹세하기를 우리가 하나님의 종
모세를 통하여 주신 하나님의
율법을 따라 우리 주 여호와의 모든
계명과 규례와 율례를 지켜 행하여
30 우리의 딸들을 이 땅 백성에게 주지
아니하고 우리의 아들들을 위하여 그
들의 딸들을 데려오지 아니하며
31 혹시 이 땅 백성이 안식일에 물품
이나 온갖 곡물을 가져다가 팔려고
할지라도 우리가 안식일이나 성일
에는 그들에게서 사지 않겠고 일곱
째 해마다 땅을 쉬게 하고 모든 빚
을 탕감하리라 하였고
32 우리가 또 스스로 규례를 정하기를
해마다 각기 세겔의 삼분의 일을
수납하여 하나님의 전을 위하여 쓰
게 하되
33 곧 진설병과 항상 드리는 소제와
항상 드리는 번제와 안식일과 초하
루와 정한 절기에 쓸 것과 성물과
이스라엘을 위하는 속죄제와 우리
하나님의 전의 모든 일을 위하여
쓰게 하였고
34 또 우리 제사장들과 레위 사람들과
백성들이 제비 뽑아 각기 종족대
로 해마다 정한 시기에 나무를 우
리 하나님의 전에 바쳐 율법에 기록
한 대로 우리 하나님 여호와의 제단
에 사르게 하였고
35 해마다 우리 토지 소산의 맏물과
각종 과목의 첫 열매를 여호와의 전
에 드리기로 하였고
36 또 우리의 맏아들들과 가축의 처
음 난 것과 소와 양의 처음 난 것을
율법에 기록된 대로 우리 하나님의
전으로 가져다가 우리 하나님의 전에
서 섬기는 제사장들에게 주고
37 또 처음 익은 밀의 가루와 거제물
과 각종 과목의 열매와 새 포도주
와 기름을 제사장들에게로 가져다
가 우리 하나님의 전의 여러 방에
두고 또 우리 산물의 십일조를 레
위 사람들에게 주리라 하였나니 이
레위 사람들은 우리의 모든 성읍에
서 산물의 십일조를 받는 자임이며
38 레위 사람들이 십일조를 받을 때에
는 아론의 자손 제사장 한 사람이
함께 있을 것이요 레위 사람들은
그 십일조의 십분의 일을 가져다가
우리 하나님의 전 곳간의 여러 방
에 두되
39 곧 이스라엘 자손과 레위 자손이
거제로 드린 곡식과 새 포도주와
기름을 가져다가 성소의 그릇들을

기록일 : . . .

두는 골방 곧 섬기는 제사장들과
문지기들과 노래하는 자들이 있는
골방에 둘 것이라 그리하여 우리가
우리 하나님의 전을 버려 두지 아니
하리라

11

백성의 지도자들은 예루살렘에 거
주하였고 그 남은 백성은 제비 뽑
아 십분의 일은 거룩한 성 예루살렘
에서 거주하게 하고 그 십분의 구는
다른 성읍에 거주하게 하였으며
2 예루살렘에 거주하기를 자원하는
모든 자를 위하여 백성들이 복을
빌었느니라
3 이스라엘과 제사장들과 레위 사람
들과 느디님 사람들과 솔로몬의 신
하들의 자손은 유다 여러 성읍에서
각각 자기 성읍 자기 기업에 거주하
였느니라 예루살렘에 거주한 그 지
방의 지도자들은 이러하니
4 예루살렘에 거주한 자는 유다 자
손과 베냐민 자손 몇 명이라 유다
자손 중에는 베레스 자손 아다야
이니 그는 웃시야의 아들이요 스
가랴의 손자요 아마랴의 증손이요
스바다의 현손이요 마할랄렐의 오
대 손이며
5 또 마아세야니 그는 바룩의 아들이
요 골호세의 손자요 하사야의 증손
이요 아다야의 현손이요 요야립의
오대 손이요 스가랴의 육대 손이요
실로 사람의 칠대 손이라
6 예루살렘에 거주한 베레스 자손은
모두 사백육십팔 명이니 다 용사였
느니라
7 베냐민 자손은 살루이니 그는 므술
람의 아들이요 요엣의 손자요 브다
야의 증손이요 골라야의 현손이요
마아세야의 오대 손이요 이디엘의
육대 손이요 여사야의 칠대 손이며
8 그 다음은 갑배와 살래 등이니 모
두 구백이십팔 명이라
9 시그리의 아들 요엘이 그들의 감독
이 되었고 핫스누아의 아들 유다는
버금이 되어 성읍을 다스렸느니라
10 제사장 중에는 요야립의 아들 여다
야와 야긴이며
11 또 하나님의 전을 맡은 자 스라야이
니 그는 힐기야의 아들이요 므술람
의 손자요 사독의 증손이요 므라욧
의 현손이요 아히둡의 오대 손이며
12 또 전에서 일하는 그들의 형제니
모두 팔백이십이 명이요 또 아다야
이니 그는 여로함의 아들이요 블라
야의 손자요 암시의 증손이요 스가
랴의 현손이요 바스훌의 오대 손이
요 말기야의 육대 손이며
13 또 그 형제의 족장된 자이니 모두
이백사십이 명이요 또 아맛새이니
그는 아사렐의 아들이요 아흐새의
손자요 므실레못의 증손이요 임멜

의 현손이며
14 또 그들의 형제의 큰 용사들이니 모두 백이십팔 명이라 하그돌림의 아들 삽디엘이 그들의 감독이 되었느니라
15 레위 사람 중에는 스마야이니 그는 핫숩의 아들이요 아스리감의 손자요 하사뱌의 증손이요 분니의 현손이며
16 또 레위 사람의 족장 삽브대와 요사밧이니 그들은 하나님의 전 바깥 일을 맡았고
17 아삽의 증손 삽디의 손자 미가의 아들 맛다냐이니 그는 기도할 때에 감사하는 말씀을 인도하는 자가 되었고 그의 형제 중에 박부갸가 버금이 되었으며 또 여두둔의 증손 갈랄의 손자 삼무아의 아들 압다였느니라
18 거룩한 성에 레위 사람은 모두 이백팔십사 명이었느니라
19 성 문지기는 악굽과 달몬과 그 형제이니 모두 백칠십이 명이며
20 그 나머지 이스라엘 백성과 제사장과 레위 사람은 유다 모든 성읍에 흩어져 각각 자기 기업에 살았고
21 느디님 사람은 오벨에 거주하니 시하와 기스바가 그들의 책임자가 되었느니라
22 노래하는 자들인 아삽 자손 중 미가의 현손 맛다냐의 증손 하사뱌의 손자 바니의 아들 웃시는 예루살렘에 거주하는 레위 사람의 감독이 되어 하나님의 전 일을 맡아 다스렸으니
23 이는 왕의 명령대로 노래하는 자들에게 날마다 할 일을 정해 주었기 때문이며
24 유다의 아들 세라의 자손 곧 므세사벨의 아들 브다히야는 왕의 수하에서 백성의 일을 다스렸느니라
25 마을과 들로 말하면 유다 자손의 일부는 기럇 아르바와 그 주변 동네들과 디본과 그 주변 동네들과 여갑스엘과 그 마을들에 거주하며
26 예수아와 몰라다와 벧벨렛과
27 하살수알과 브엘세바와 그 주변 동네들에 거주하며
28 시글락과 므고나와 그 주변 동네들에 거주하며
29 에느림몬과 소라와 야르뭇에 거주하며
30 사노아와 아둘람과 그 마을들과 라기스와 그 들판과 아세가와 그 주변 동네들에 살았으니 그들은 브엘세바에서부터 힌놈의 골짜기까지 장막을 쳤으며
31 또 베냐민 자손은 게바에서부터 믹마스와 아야와 벧엘과 그 주변 동네들에 거주하며
32 아나돗과 놉과 아나냐와

기록일 : . . .

33 하솔과 라마와 깃다임과
34 하딧과 스보임과 느발랏과
35 로드와 오노와 장인들의 골짜기에
거주하였으며
36 유다에 있던 레위 사람의 일부는
베냐민과 합하였느니라

12 스알디엘의 아들 스룹바벨과 예
수아와 함께 돌아온 제사장들과 레
위 사람들은 이러하니라 제사장들
은 스라야와 예레미야와 에스라와
2 아마랴와 말룩과 핫두스와
3 스가냐와 르훔과 므레못과
4 잇도와 긴느도이와 아비야와
5 미야민과 마아댜와 빌가와
6 스마야와 요야립과 여다야와
7 살루와 아목과 힐기야와 여다야니
이상은 예수아 때에 제사장들과 그
들의 형제의 지도자들이었느니라
8 레위 사람들은 예수아와 빈누이와
갓미엘과 세레뱌와 유다와 맛다냐
니 이 맛다냐는 그의 형제와 함께
찬송하는 일을 맡았고
9 또 그들의 형제 박부갸와 운노는
직무를 따라 그들의 맞은편에 있
으며
10 예수아는 요야김을 낳고 요야김은
엘리아십을 낳고 엘리아십은 요야
다를 낳고
11 요야다는 요나단을 낳고 요나단은
얏두아를 낳았느니라
12 요야김 때에 제사장, 족장 된 자는
스라야 족속에는 므라야요 예레미
야 족속에는 하나냐요
13 에스라 족속에는 므술람이요 아마
랴 족속에는 여호하난이요
14 말루기 족속에는 요나단이요 스바
냐 족속에는 요셉이요
15 하림 족속에는 아드나요 므라욧 족
속에는 헬개요
16 잇도 족속에는 스가랴요 긴느돈 족
속에는 므술람이요
17 아비야 족속에는 시그리요 미냐민
곧 모아댜 족속에는 빌대요
18 빌가 족속에는 삼무아요 스마야 족
속에는 여호나단이요
19 요야립 족속에는 맛드내요 여다야
족속에는 웃시요
20 살래 족속에는 갈래요 아목 족속에
는 에벨이요
21 힐기야 족속에는 하사뱌요 여다야
족속에는 느다넬이었느니라
22 엘리아십과 요야다와 요하난과 얏
두아 때에 레위 사람의 족장이 모
두 책에 기록되었고 바사 왕 다리
오 때에 제사장도 책에 기록되었고
23 레위 자손의 족장들은 엘리아십의
아들 요하난 때까지 역대지략에 기
록되었으며
24 레위 족속의 지도자들은 하사뱌와
세레뱌와 갓미엘의 아들 예수아라

그들은 그들의 형제의 맞은편에
있어 하나님의 사람 다윗의 명령대
로 순서를 따라 주를 찬양하며 감
사하고
25 맛다냐와 박부갸와 오바댜와 므술
람과 달몬과 악굽은 다 문지기로서
순서대로 문안의 곳간을 파수하였
나니
26 이상의 모든 사람들은 요사닥의 손
자 예수아의 아들 요야김과 총독
느헤미야와 제사장 겸 학사 에스라
때에 있었느니라
27 예루살렘 성벽을 봉헌하게 되니 각
처에서 레위 사람들을 찾아 예루살
렘으로 데려다가 감사하며 노래하
며 제금을 치며 비파와 수금을 타
며 즐거이 봉헌식을 행하려 하매
28 이에 노래하는 자들이 예루살렘 사
방 들과 느도바 사람의 마을에서
모여들고
29 또 벧길갈과 게바와 아스마웻 들에
서 모여들었으니 이 노래하는 자들
은 자기들을 위하여 예루살렘 사방
에 마을들을 이루었음이라
30 제사장들과 레위 사람들이 몸을 정
결하게 하고 또 백성과 성문과 성
벽을 정결하게 하니라
31 이에 내가 유다의 방백들을 성벽
위에 오르게 하고 또 감사 찬송하
는 자의 큰 무리를 둘로 나누어 성
벽 위로 대오를 지어 가게 하였는
데 한 무리는 오른쪽으로 분문을
향하여 가게 하니
32 그들의 뒤를 따르는 자는 호세야와
유다 지도자의 절반이요
33 또 아사랴와 에스라와 므술람과
34 유다와 베냐민과 스마야와 예레미
야이며
35 또 제사장들의 자손 몇 사람이 나
팔을 잡았으니 요나단의 아들 스마
야의 손자 맛다냐의 증손 미가야의
현손 삭굴의 오대 손 아삽의 육대
손 스가랴와
36 그의 형제들인 스마야와 아사렐과
밀랄래와 길랄래와 마애와 느다넬
과 유다와 하나니라 다 하나님의
사람 다윗의 악기를 잡았고 학사
에스라가 앞서서
37 샘문으로 전진하여 성벽으로 올라
가는 곳에 이르러 다윗 성의 층계
로 올라가서 다윗의 궁 윗 길에서
동쪽으로 향하여 수문에 이르렀고
38 감사 찬송하는 다른 무리는 왼쪽으
로 행진하는데 내가 백성의 절반과
더불어 그 뒤를 따라 성벽 위로 가
서 화덕 망대 윗 길로 성벽 넓은 곳
에 이르고
39 에브라임 문 위로 옛문과 어문과
하나넬 망대와 함메아 망대를 지나
양문에 이르러 감옥 문에 멈추매

기록일 : . . .

40 이에 감사 찬송하는 두 무리가 하
나님의 전에 섰고 또 나와 민장의
절반도 함께 하였고
41 제사장 엘리아김과 마아세야와 미
냐민과 미가야와 엘료에내와 스가
랴와 하나냐는 다 나팔을 잡았고
42 또 마아세야와 스마야와 엘르아살
과 웃시와 여호하난과 말기야와 엘
람과 에셀이 함께 있으며 노래하는
자는 크게 찬송하였는데 그 감독은
예스라히야라
43 이 날에 무리가 큰 제사를 드리고
심히 즐거워하였으니 이는 하나님
이 크게 즐거워하게 하셨음이라 부
녀와 어린 아이도 즐거워하였으므
로 예루살렘이 즐거워하는 소리가
멀리 들렸느니라
44 그 날에 사람을 세워 곳간을 맡기
고 제사장들과 레위 사람들에게 돌
릴 것 곧 율법에 정한 대로 거제물
과 처음 익은 것과 십일조를 모든
성읍 밭에서 거두어 이 곳간에 쌓
게 하였노니 이는 유다 사람이 섬기
는 제사장들과 레위 사람들로 말미
암아 즐거워하기 때문이라
45 그들은 하나님을 섬기는 일과 결례
의 일을 힘썼으며 노래하는 자들과
문지기들도 그러하여 모두 다윗과
그의 아들 솔로몬의 명령을 따라
행하였으니
46 옛적 다윗과 아삽의 때에는 노래하
는 자의 지도자가 있어서 하나님께
찬송하는 노래와 감사하는 노래를
하였음이며
47 스룹바벨 때와 느헤미야 때에는 온
이스라엘이 노래하는 자들과 문지
기들에게 날마다 쓸 몫을 주되 그
들이 성별한 것을 레위 사람들에게
주고 레위 사람들은 그것을 또 성
별하여 아론 자손에게 주었느니라

13

그 날 모세의 책을 낭독하여 백성
에게 들렸는데 그 책에 기록하기를
암몬 사람과 모압 사람은 영원히 하
나님의 총회에 들어오지 못하리니
2 이는 그들이 양식과 물로 이스라엘
자손을 영접하지 아니하고 도리어
발람에게 뇌물을 주어 저주하게 하
였음이라 그러나 우리 하나님이 그
저주를 돌이켜 복이 되게 하셨다
하였는지라
3 백성이 이 율법을 듣고 곧 섞인 무
리를 이스라엘 가운데에서 모두 분
리하였느니라
4 이전에 우리 하나님의 전의 방을
맡은 제사장 엘리아십이 도비야와
연락이 있었으므로
5 도비야를 위하여 한 큰 방을 만들
었으니 그 방은 원래 소제물과 유
향과 그릇과 또 레위 사람들과 노
래하는 자들과 문지기들에게 십일

6

7

8

9

10

11

12

13

14

15

16

17

18

기록일 : . . .

19 안식일 전 예루살렘 성문이 어두워
갈 때에 내가 성문을 닫고 안식일
이 지나기 전에는 열지 말라 하고
나를 따르는 종자 몇을 성문마다
세워 안식일에는 아무 짐도 들어오
지 못하게 하였으므로
20 장사꾼들과 각양 물건 파는 자들이
한두 번 예루살렘 성 밖에서 자므로
21 내가 그들에게 경계하여 이르기를
너희가 어찌하여 성 밑에서 자느냐
다시 이같이 하면 내가 잡으리라
하였더니 그후부터는 안식일에 그
들이 다시 오지 아니하였느니라
22 내가 또 레위 사람들에게 몸을 정
결하게 하고 와서 성문을 지켜서 안
식일을 거룩하게 하라 하였느니라
내 하나님이여 나를 위하여 이 일도
기억하시옵고 주의 크신 은혜대로
나를 아끼시옵소서
23 그 때에 내가 또 본즉 유다 사람이
아스돗과 암몬과 모압 여인을 맞아
아내로 삼았는데
24 그들의 자녀가 아스돗 방언을 절반
쯤은 하여도 유다 방언은 못하니 그
하는 말이 각 족속의 방언이므로
25 내가 그들을 책망하고 저주하며 그
들 중 몇 사람을 때리고 그들의 머
리털을 뽑고 이르되 너희는 너희
딸들을 그들의 아들들에게 주지 말
고 너희 아들들이나 너희를 위하여
그들의 딸을 데려오지 아니하겠다
고 하나님을 가리켜 맹세하라 하고
26 또 이르기를 옛적에 이스라엘 왕
솔로몬이 이 일로 범죄하지 아니
하였느냐 그는 많은 나라 중에 비
길 왕이 없이 하나님의 사랑을 입
은 자라 하나님이 그를 왕으로 삼
아 온 이스라엘을 다스리게 하셨으
나 이방 여인이 그를 범죄하게 하였
나니
27 너희가 이방 여인을 아내로 맞아
이 모든 큰 악을 행하여 우리 하나
님께 범죄하는 것을 우리가 어찌
용납하겠느냐
28 대제사장 엘리아십의 손자 요야다
의 아들 하나가 호론 사람 산발랏
의 사위가 되었으므로 내가 쫓아내
어 나를 떠나게 하였느니라
29 내 하나님이여 그들이 제사장의 직
분을 더럽히고 제사장의 직분과 레
위 사람에 대한 언약을 어겼사오니
그들을 기억하옵소서
30 내가 이와 같이 그들에게 이방 사
람을 떠나게 하여 그들을 깨끗하게
하고 또 제사장과 레위 사람의 반
열을 세워 각각 자기의 일을 맡게
하고
31 또 정한 기한에 나무와 처음 익은
것을 드리게 하였사오니 내 하나님
이여 나를 기억하사 복을 주옵소서

기록일 : . . .

ESTHER

에스더

저 자	미상
주 제	하나님의 보호와 사랑
기록목적	하나님께서 온 세상을 다스리시는 역사의 주관자 되심과 하나님을 바르게 섬기는 자들의 궁극적인 승리, 선택한 백성들에 대한 하나님의 보호하심과 간섭하심, 부림절에 대한 역사적 기원과 의미를 밝히는 데 본서의 목적이 있다.
기록배경	본서에 기록된 사건은 주전 538년에 있었던 스룹바벨에 의한 1차 포로 귀환과, 에스라에 의해 주전 458년에 있었던 2차 포로 귀환 사이의 사건이다. 당시 바사 제국의 여러 지역에 흩어져 살던 유다인들은 이방 사상을 받아들이고 야훼 신앙을 버린 경우가 많았다. 따라서 본서는 시공간을 초월하여 역사를 주관하시는 하나님과, 비록 유다인들이 포로가 되어 이방 지역에 살지만 여전히 하나님의 보호와 간섭 아래 있다는 사실을 일깨워 줌으로써 신앙적 용기를 잃지 않도록 하고 있다.
특 징	• 룻기와 더불어 여성의 이름으로 지어진 책이며, 여성이 주인공으로 등장한다. • '하나님' 이라는 단어는 한 번도 언급되지 않았으나 하나님의 강한 섭리를 극적으로 표현하고 있다. • 부림절의 역사적 기원을 밝히고 있다. • 반전, 위기감 고조 등 단편 소설의 형식을 취함으로써 역사적 사건의 진실에 극적 효과를 높였다.

나의 기도

에스더

1 이 일은 아하수에로 왕 때에 있었
던 일이니 아하수에로는 인도로부
터 구스까지 백이십칠 지방을 다스
리는 왕이라
2 당시에 아하수에로 왕이 수산 궁에
서 즉위하고
3 왕위에 있은 지 제삼년에 그의 모
든 지방관과 신하들을 위하여 잔치
를 베푸니 바사와 메대의 장수와
각 지방의 귀족과 지방관들이 다
왕 앞에 있는지라
4 왕이 여러 날 곧 백팔십 일 동안에
그의 영화로운 나라의 부함과 위엄
의 혁혁함을 나타내니라
5 이 날이 지나매 왕이 또 도성 수산
에 있는 귀천간의 백성을 위하여
왕궁 후원 뜰에서 칠 일 동안 잔치
를 베풀새
6 백색, 녹색, 청색 휘장을 자색 가는
베 줄로 대리석 기둥 은고리에 매
고 금과 은으로 만든 걸상을 화반
석, 백석, 운모석, 흑석을 깐 땅에
진설하고
7 금 잔으로 마시게 하니 잔의 모양
이 각기 다르고 왕이 풍부하였으므
로 어주가 한이 없으며
8 마시는 것도 법도가 있어 사람으로
억지로 하지 않게 하니 이는 왕이
모든 궁내 관리에게 명령하여 각
사람이 마음대로 하게 함이더라
9 왕후 와스디도 아하수에로 왕궁에서
여인들을 위하여 잔치를 베푸니라
10 제칠일에 왕이 주흥이 일어나서 어
전 내시 므후만과 비스다와 하르보
나와 빅다와 아박다와 세달과 가르
가스 일곱 사람을 명령하여
11 왕후 와스디를 청하여 왕후의 관을
정제하고 왕 앞으로 나아오게 하여
그의 아리따움을 뭇 백성과 지방관
들에게 보이게 하라 하니 이는 왕
후의 용모가 보기에 좋음이라
12 그러나 왕후 와스디는 내시가 전
하는 왕명을 따르기를 싫어하니 왕
이 진노하여 마음속이 불 붙는 듯
하더라
13 왕이 사례를 아는 현자들에게 묻되
(왕이 규례와 법률을 아는 자에게
묻는 전례가 있는데
14 그 때에 왕에게 가까이 하여 왕의
기색을 살피며 나라 첫 자리에 앉
은 자는 바사와 메대의 일곱 지방
관 곧 가르스나와 세달과 아드마다
와 다시스와 메레스와 마르스나와
므무간이라)
15 왕후 와스디가 내시가 전하는 아하
수에로 왕의 명령을 따르지 아니하

기록일 : . . .

니 규례대로 하면 어떻게 처치할까
16 므무간이 왕과 지방관 앞에서 대답
하여 이르되 왕후 와스디가 왕에게
만 잘못했을 뿐 아니라 아하수에로
왕의 각 지방의 관리들과 뭇 백성
에게도 잘못하였나이다
17 아하수에로 왕이 명령하여 왕후 와
스디를 청하여도 오지 아니하였다
하는 왕후의 행위의 소문이 모든
여인들에게 전파되면 그들도 그들
의 남편을 멸시할 것인즉
18 오늘이라도 바사와 메대의 귀부인
들이 왕후의 행위를 듣고 왕의 모
든 지방관들에게 그렇게 말하리니
멸시와 분노가 많이 일어나리이다
19 왕이 만일 좋게 여기실진대 와스디
가 다시는 왕 앞에 오지 못하게 하
는 조서를 내리되 바사와 메대의
법률에 기록하여 변개함이 없게 하
고 그 왕후의 자리를 그보다 나은
사람에게 주소서
20 왕의 조서가 이 광대한 전국에 반
포되면 귀천을 막론하고 모든 여인
들이 그들의 남편을 존경하리이다
하니라
21 왕과 지방관들이 그 말을 옳게 여긴
지라 왕이 므무간의 말대로 행하여
22 각 지방 각 백성의 문자와 언어로
모든 지방에 조서를 내려 이르기를
남편이 자기의 집을 주관하게 하고
자기 민족의 언어로 말하게 하라
하였더라

2

그 후에 아하수에로 왕의 노가 그
치매 와스디와 그가 행한 일과 그
에 대하여 내린 조서를 생각하거늘
2 왕의 측근 신하들이 아뢰되 왕은
왕을 위하여 아리따운 처녀들을 구
하게 하시되
3 전국 각 지방에 관리를 명령하여 아
리따운 처녀를 다 도성 수산으로
모아 후궁으로 들여 궁녀를 주관하
는 내시 헤개의 손에 맡겨 그 몸을
정결하게 하는 물품을 주게 하시고
4 왕의 눈에 아름다운 처녀를 와스디
대신 왕후로 삼으소서 하니 왕이 그
말을 좋게 여겨 그대로 행하니라
5 도성 수산에 한 유다인이 있으니 이
름은 모르드개라 그는 베냐민 자손
이니 기스의 증손이요 시므이의 손
자요 야일의 아들이라
6 전에 바벨론 왕 느부갓네살이 예루
살렘에서 유다 왕 여고냐와 백성을
사로잡아 갈 때에 모르드개도 함께
사로잡혔더라
7 그의 삼촌의 딸 하닷사 곧 에스더
는 부모가 없었으나 용모가 곱고
아리따운 처녀라 그의 부모가 죽은
후에 모르드개가 자기 딸 같이 양
육하더라
8 왕의 조서와 명령이 반포되매 처녀

기록일 : . . .

들이 도성 수산에 많이 모여 헤개
의 수하에 나아갈 때에 에스더도
왕궁으로 이끌려 가서 궁녀를 주관
하는 헤개의 수하에 속하니
9 헤개가 이 처녀를 좋게 보고 은혜
를 베풀어 몸을 정결하게 할 물품
과 일용품을 곧 주며 또 왕궁에서
으레 주는 일곱 궁녀를 주고 에스
더와 그 궁녀들을 후궁 아름다운
처소로 옮기더라
10 에스더가 자기의 민족과 종족을 말
하지 아니하니 이는 모르드개가 명
령하여 말하지 말라 하였음이라
11 모르드개가 날마다 후궁 뜰 앞으로
왕래하며 에스더의 안부와 어떻게
될지를 알고자 하였더라
12 처녀마다 차례대로 아하수에로 왕
에게 나아가기 전에 여자에 대하
여 정한 규례대로 열두 달 동안을
행하되 여섯 달은 몰약 기름을 쓰
고 여섯 달은 향품과 여자에게 쓰
는 다른 물품을 써서 몸을 정결하
게 하는 기한을 마치며
13 처녀가 왕에게 나아갈 때에는 그가
구하는 것을 다 주어 후궁에서 왕
궁으로 가지고 가게 하고
14 저녁이면 갔다가 아침에는 둘째 후
궁으로 돌아와서 비빈을 주관하는
내시 사아스가스의 수하에 속하고
왕이 그를 기뻐하여 그의 이름을
부르지 아니하면 다시 왕에게 나아
가지 못하더라
15 모르드개의 삼촌 아비하일의 딸 곧
모르드개가 자기의 딸 같이 양육하
는 에스더가 차례대로 왕에게 나아
갈 때에 궁녀를 주관하는 내시 헤
개가 정한 것 외에는 다른 것을 구
하지 아니하였으나 모든 보는 자에
게 사랑을 받더라
16 아하수에로 왕의 제칠년 시월 곧
데벳월에 에스더가 왕궁에 인도되
어 들어가서 왕 앞에 나가니
17 왕이 모든 여자보다 에스더를 더
사랑하므로 그가 모든 처녀보다 왕
앞에 더 은총을 얻은지라 왕이 그
의 머리에 관을 씌우고 와스디를
대신하여 왕후로 삼은 후에
18 왕이 크게 잔치를 베푸니 이는 에
스더를 위한 잔치라 모든 지방관과
신하들을 위하여 잔치를 베풀고 또
각 지방의 세금을 면제하고 왕의
이름으로 큰 상을 주니라
19 처녀들을 다시 모을 때에는 모르드
개가 대궐 문에 앉았더라
20 에스더는 모르드개가 명령한 대로
그 종족과 민족을 말하지 아니하니
그가 모르드개의 명령을 양육 받을
때와 같이 따름이더라
21 모르드개가 대궐 문에 앉았을 때에
문을 지키던 왕의 내시 빅단과 데

기록일 : . . .

22

23

3

2

3

4

5

6

7

8

9

10

11

12

기록일 : . . .

으로 조서를 쓰되 곧 각 지방의 문
자와 각 민족의 언어로 쓰고 왕의
반지로 인치니라
13 이에 그 조서를 역졸에게 맡겨 왕
의 각 지방에 보내니 열두째 달 곧
아달월 십삼일 하루 동안에 모든
유다인을 젊은이 늙은이 어린이 여
인들을 막론하고 죽이고 도륙하고
진멸하고 또 그 재산을 탈취하라
하였고
14 이 명령을 각 지방에 전하기 위하여
조서의 초본을 모든 민족에게 선포
하여 그 날을 위하여 준비하게 하
라 하였더라
15 역졸이 왕의 명령을 받들어 급히 나
가매 그 조서가 도성 수산에도 반
포되니 왕은 하만과 함께 앉아 마
시되 수산 성은 어지럽더라

4

모르드개가 이 모든 일을 알고 자
기의 옷을 찢고 굵은 베 옷을 입고
재를 뒤집어쓰고 성중에 나가서 대
성 통곡하며
2 대궐 문 앞까지 이르렀으니 굵은
베 옷을 입은 자는 대궐 문에 들어
가지 못함이라
3 왕의 명령과 조서가 각 지방에 이
르매 유다인이 크게 애통하여 금식
하며 울며 부르짖고 굵은 베 옷을
입고 재에 누운 자가 무수하더라
4 에스더의 시녀와 내시가 나아와 전
하니 왕후가 매우 근심하여 입을
의복을 모르드개에게 보내어 그 굵
은 베 옷을 벗기고자 하나 모르드
개가 받지 아니하는지라
5 에스더가 왕의 어명으로 자기에게
가까이 있는 내시 하닥을 불러 명
령하여 모르드개에게 가서 이것이
무슨 일이며 무엇 때문인가 알아보
라 하매
6 하닥이 대궐 문 앞 성 중 광장에 있
는 모르드개에게 이르니
7 모르드개가 자기가 당한 모든 일과
하만이 유다인을 멸하려고 왕의 금
고에 바치기로 한 은의 정확한 액
수를 하닥에게 말하고
8 또 유다인을 진멸하라고 수산 궁에
서 내린 조서 초본을 하닥에게 주
어 에스더에게 보여 알게 하고 또
그에게 부탁하여 왕에게 나아가서
그 앞에서 자기 민족을 위하여 간
절히 구하라 하니
9 하닥이 돌아와 모르드개의 말을 에
스더에게 알리매
10 에스더가 하닥에게 이르되 너는 모
르드개에게 전하기를
11 왕의 신하들과 왕의 각 지방 백성
이 다 알거니와 남녀를 막론하고
부름을 받지 아니하고 안뜰에 들
어가서 왕에게 나아가면 오직 죽이는
법이요 왕이 그 자에게 금 규를 내

밀어야 살 것이라 이제 내가 부름
을 입어 왕에게 나가지 못한 지가
이미 삼십 일이라 하라 하니라
12 그가 에스더의 말을 모르드개에게
전하매
13 모르드개가 그를 시켜 에스더에게
회답하되 너는 왕궁에 있으니 모든
유다인 중에 홀로 목숨을 건지리라
생각하지 말라
14 이 때에 네가 만일 잠잠하여 말이
없으면 유다인은 다른 데로 말미암
아 놓임과 구원을 얻으려니와 너와
네 아버지 집은 멸망하리라 네가
왕후의 자리를 얻은 것이 이 때를
위함이 아닌지 누가 알겠느냐 하니
15 에스더가 모르드개에게 회답하여
이르되
16 당신은 가서 수산에 있는 유다인을
다 모으고 나를 위하여 금식하되
밤낮 삼 일을 먹지도 말고 마시지
도 마소서 나도 나의 시녀와 더불
어 이렇게 금식한 후에 규례를 어기
고 왕에게 나아가리니 죽으면 죽으
리이다 하니라
17 모르드개가 가서 에스더가 명령한
대로 다 행하니라

5 제삼일에 에스더가 왕후의 예복을
입고 왕궁 안 뜰 곧 어전 맞은편에
서니 왕이 어전에서 전 문을 대하여
왕좌에 앉았다가
2 왕후 에스더가 뜰에 선 것을 본즉
매우 사랑스러우므로 손에 잡았던
금 규를 그에게 내미니 에스더가
가까이 가서 금 규 끝을 만진지라
3 왕이 이르되 왕후 에스더여 그대의
소원이 무엇이며 요구가 무엇이냐
나라의 절반이라도 그대에게 주겠
노라 하니
4 에스더가 이르되 오늘 내가 왕을
위하여 잔치를 베풀었사오니 왕이
좋게 여기시거든 하만과 함께 오소
서 하니
5 왕이 이르되 에스더가 말한 대로
하도록 하만을 급히 부르라 하고
이에 왕이 하만과 함께 에스더가
베푼 잔치에 가니라
6 잔치의 술을 마실 때에 왕이 에스
더에게 이르되 그대의 소청이 무엇
이냐 곧 허락하겠노라 그대의 요구
가 무엇이냐 나라의 절반이라 할지
라도 시행하겠노라 하니
7 에스더가 대답하여 이르되 나의 소
청, 나의 요구가 이러하니이다
8 내가 만일 왕의 목전에서 은혜를
입었고 왕이 내 소청을 허락하시며
내 요구를 시행하시기를 좋게 여기
시면 내가 왕과 하만을 위하여 베
푸는 잔치에 또 오소서 내일은 왕
의 말씀대로 하리이다 하니라
9 그 날 하만이 마음이 기뻐 즐거이

나오더니 모르드개가 대궐 문에 있
어 일어나지도 아니하고 몸을 움직
이지도 아니하는 것을 보고 매우
노하나
10 참고 집에 돌아와서 사람을 보내어
그의 친구들과 그의 아내 세레스를
청하여
11 자기의 큰 영광과 자녀가 많은 것
과 왕이 자기를 들어 왕의 모든 지
방관이나 신하들보다 높인 것을 다
말하고
12 또 하만이 이르되 왕후 에스더가
그 베푼 잔치에 왕과 함께 오기를
허락 받은 자는 나밖에 없었고 내
일도 왕과 함께 청함을 받았느니라
13 그러나 유다 사람 모르드개가 대
궐 문에 앉은 것을 보는 동안에는
이 모든 일이 만족하지 아니하도다
하니
14 그의 아내 세레스와 모든 친구들이
이르되 높이가 오십 규빗 되는 나
무를 세우고 내일 왕에게 모르드개
를 그 나무에 매달기를 구하고 왕
과 함께 즐거이 잔치에 가소서 하
니 하만이 그 말을 좋게 여기고 명
령하여 나무를 세우니라

6 그 날 밤에 왕이 잠이 오지 아니
하므로 명령하여 역대 일기를 가져
다가 자기 앞에서 읽히더니
2 그 속에 기록하기를 문을 지키던
왕의 두 내시 빅다나와 데레스가
아하수에로 왕을 암살하려는 음모
를 모르드개가 고발하였다 하였는
지라
3 왕이 이르되 이 일에 대하여 무슨
존귀와 관작을 모르드개에게 베풀
었느냐 하니 측근 신하들이 대답하
되 아무것도 베풀지 아니하였나이
다 하니라
4 왕이 이르되 누가 뜰에 있느냐 하
매 마침 하만이 자기가 세운 나무
에 모르드개 달기를 왕께 구하고자
하여 왕궁 바깥뜰에 이른지라
5 측근 신하들이 아뢰되 하만이 뜰에
섰나이다 하니 왕이 이르되 들어오
게 하라 하니
6 하만이 들어오거늘 왕이 묻되 왕이
존귀하게 하기를 원하는 사람에게
어떻게 하여야 하겠느냐 하만이 심
중에 이르되 왕이 존귀하게 하기를
원하시는 자는 나 외에 누구리요
하고
7 왕께 아뢰되 왕께서 사람을 존귀하
게 하시려면
8 왕께서 입으시는 왕복과 왕께서 타
시는 말과 머리에 쓰시는 왕관을
가져다가
9 그 왕복과 말을 왕의 신하 중 가장
존귀한 자의 손에 맡겨서 왕이 존
귀하게 하시기를 원하시는 사람에

기록일 : . . .

게 옷을 입히고 말을 태워서 성 중
거리로 다니며 그 앞에서 반포하여
이르기를 왕이 존귀하게 하기를 원
하시는 사람에게는 이같이 할 것이
라 하게 하소서 하니라
10 이에 왕이 하만에게 이르되 너는 네
말대로 속히 왕복과 말을 가져다
가 대궐 문에 앉은 유다 사람 모르
드개에게 행하되 무릇 네가 말한
것에서 조금도 빠짐이 없이 하라
11 하만이 왕복과 말을 가지고 가서 모
르드개에게 옷을 입히고 말을 태워
성 중 거리로 다니며 그 앞에서 반
포하되 왕이 존귀하게 하기를 원하
시는 사람에게는 이같이 할 것이
라 하니라
12 모르드개는 다시 대궐 문으로 돌아
오고 하만은 번뇌하여 머리를 싸고
급히 집으로 돌아가서
13 자기가 당한 모든 일을 그의 아내
세레스와 모든 친구에게 말하매 그
중 지혜로운 자와 그의 아내 세레
스가 이르되 모르드개가 과연 유다
사람의 후손이면 당신이 그 앞에서
굴욕을 당하기 시작하였으니 능히
그를 이기지 못하고 분명히 그 앞
에 엎드러지리이다
14 아직 말이 그치지 아니하여서 왕의
내시들이 이르러 하만을 데리고 에
스더가 베푼 잔치에 빨리 나아가
니라

7

왕이 하만과 함께 또 왕후 에스더
의 잔치에 가니라
2 왕이 이 둘째 날 잔치에 술을 마실
때에 다시 에스더에게 물어 이르되
왕후 에스더여 그대의 소청이 무엇
이냐 곧 허락하겠노라 그대의 요
구가 무엇이냐 나라의 절반이라 할
지라도 시행하겠노라 하니
3 왕후 에스더가 대답하여 이르되 왕
이여 내가 만일 왕의 목전에서 은
혜를 입었으며 왕이 좋게 여기시
면 내 소청대로 내 생명을 내게 주
시고 내 요구대로 내 민족을 내게
주소서
4 나와 내 민족이 팔려서 죽임과 도
륙함과 진멸함을 당하게 되었나이
다 만일 우리가 노비로 팔렸더라
면 내가 잠잠하였으리이다 그래도
대적이 왕의 손해를 보충하지 못하
였으리이다 하니
5 아하수에로 왕이 왕후 에스더에게
말하여 이르되 감히 이런 일을 심중
에 품은 자가 누구며 그가 어디 있
느냐 하니
6 에스더가 이르되 대적과 원수는 이
악한 하만이니이다 하니 하만이 왕
과 왕후 앞에서 두려워하거늘
7 왕이 노하여 일어나서 잔치 자리를
떠나 왕궁 후원으로 들어가니라 하

기록일 : . . .

만이 일어서서 왕후 에스더에게 생
명을 구하니 이는 왕이 자기에게 벌
을 내리기로 결심한 줄 앎이더라
8 왕이 후원으로부터 잔치 자리에 돌
아오니 하만이 에스더가 앉은 걸상
위에 엎드렸거늘 왕이 이르되 저가
궁중 내 앞에서 왕후를 강간까지
하고자 하는가 하니 이 말이 왕의
입에서 나오매 무리가 하만의 얼굴
을 싸더라
9 왕을 모신 내시 중에 하르보나가
왕에게 아뢰되 왕을 위하여 충성된
말로 고발한 모르드개를 달고자 하
여 하만이 높이가 오십 규빗 되는
나무를 준비하였는데 이제 그 나무
가 하만의 집에 섰나이다 왕이 이
르되 하만을 그 나무에 달라 하매
10 모르드개를 매달려고 한 나무에 하
만을 다니 왕의 노가 그치니라

8

그 날 아하수에로 왕이 유다인의
대적 하만의 집을 왕후 에스더에게
주니라 에스더가 모르드개는 자기
에게 어떻게 관계됨을 왕께 아뢰었
으므로 모르드개가 왕 앞에 나오니
2 왕이 하만에게서 거둔 반지를 빼어
모르드개에게 준지라 에스더가 모
르드개에게 하만의 집을 관리하게
하니라
3 에스더가 다시 왕 앞에서 말씀하며
왕의 발 아래 엎드려 아각 사람 하
만이 유다인을 해하려 한 악한 꾀
를 제거하기를 울며 구하니
4 왕이 에스더를 향하여 금 규를 내
미는지라 에스더가 일어나 왕 앞에
서서
5 이르되 왕이 만일 즐거워하시며 내
가 왕의 목전에 은혜를 입었고 또
왕이 이 일을 좋게 여기시며 나를
좋게 보실진대 조서를 내리사 아각
사람 함므다다의 아들 하만이 왕의
각 지방에 있는 유다인을 진멸하려
고 꾀하고 쓴 조서를 철회하소서
6 내가 어찌 내 민족이 화 당함을 차
마 보며 내 친척의 멸망함을 차마
보리이까 하니
7 아하수에로 왕이 왕후 에스더와 유
다인 모르드개에게 이르되 하만이
유다인을 살해하려 하므로 나무에
매달렸고 내가 그 집을 에스더에게
주었으니
8 너희는 왕의 명의로 유다인에게 조
서를 뜻대로 쓰고 왕의 반지로 인
을 칠지어다 왕의 이름을 쓰고 왕
의 반지로 인친 조서는 누구든지 철
회할 수 없음이니라 하니라
9 그 때 시완월 곧 삼월 이십삼일에
왕의 서기관이 소집되고 모르드개
가 시키는 대로 조서를 써서 인도
로부터 구스까지의 백이십칠 지방
유다인과 대신과 지방관과 관원에

에 전달할새 각 지방의 문자와 각 민
족의 언어와 유다인의 문자와 언어
로 쓰되
10 아하수에로 왕의 명의로 쓰고 왕
의 반지로 인을 치고 그 조서를 역
졸들에게 부쳐 전하게 하니 그들은
왕궁에서 길러서 왕의 일에 쓰는
준마를 타는 자들이라
11 조서에는 왕이 여러 고을에 있는
유다인에게 허락하여 그들이 함께
모여 스스로 생명을 보호하여 각
지방의 백성 중 세력을 가지고 그
들을 치려하는 자들과 그들의 처
자를 죽이고 도륙하고 진멸하고 그
재산을 탈취하게 하되
12 아하수에로 왕의 각 지방에서 아달
월 곧 십이월 십삼일 하루 동안에
하게 하였고
13 이 조서 초본을 각 지방에 전하고
각 민족에게 반포하고 유다인들에
게 준비하였다가 그 날에 대적에게
원수를 갚게 한지라
14 왕의 어명이 매우 급하매 역졸이
왕의 일에 쓰는 준마를 타고 빨리
나가고 그 조서를 도성 수산에도
반포하니라
15 모르드개가 푸르고 흰 조복을 입고
큰 금관을 쓰고 자색 가는 베 겉옷
을 입고 왕 앞에서 나오니 수산 성
이 즐거이 부르며 기뻐하고
16 유다인에게는 영광과 즐거움과 기
쁨과 존귀함이 있는지라
17 왕의 어명이 이르는 각 지방, 각 읍
에서 유다인들이 즐기고 기뻐하여
잔치를 베풀고 그 날을 명절로 삼
으니 본토 백성이 유다인을 두려워
하여 유다인 되는 자가 많더라

9

아달월 곧 십이월 십삼일은 왕의
어명을 시행하게 된 날이라 유
다인의 대적들이 그들을 제어하기
를 바랐더니 유다인이 도리어 자기
들을 미워하는 자들을 제어하게 된
그 날에
2 유다인들이 아하수에로 왕의 각 지
방, 각 읍에 모여 자기들을 해하고
자 한 자를 죽이려 하니 모든 민족
이 그들을 두려워하여 능히 막을
자가 없고
3 각 지방 모든 지방관과 대신들과
총독들과 왕의 사무를 보는 자들이
모르드개를 두려워하므로 다 유다
인을 도우니
4 모르드개가 왕궁에서 존귀하여 점
점 창대하매 이 사람 모르드개의
명성이 각 지방에 퍼지더라
5 유다인이 칼로 그 모든 대적들을
쳐서 도륙하고 진멸하고 자기를 미
워하는 자에게 마음대로 행하고
6 유다인이 또 도성 수산에서 오백
명을 죽이고 진멸하고

기록일 : . . .

7 또 바산다다와 달본과 아스바다와
8 보라다와 아달리야와 아리다다와
9 바마스다와 아리새와 아리대와 왜
사다
10 곧 함므다다의 손자요 유다인의 대
적 하만의 열 아들을 죽였으나 그
들의 재산에는 손을 대지 아니하였
더라
11 그 날에 도성 수산에서 도륙한 자
의 수효를 왕께 아뢰니
12 왕이 왕후 에스더에게 이르되 유다
인이 도성 수산에서 이미 오백 명을
죽이고 멸하고 또 하만의 열 아들
을 죽였으니 왕의 다른 지방에서는
어떠하였겠느냐 이제 그대의 소청
이 무엇이냐 곧 허락하겠노라 그대
의 요구가 무엇이냐 또한 시행하겠
노라 하니
13 에스더가 이르되 왕이 만일 좋게
여기시면 수산에 사는 유다인들이
내일도 오늘 조서대로 행하게 하시
고 하만의 열 아들의 시체를 나무
에 매달게 하소서 하니
14 왕이 그대로 행하기를 허락하고 조
서를 수산에 내리니 하만의 열 아
들의 시체가 매달리니라
15 아달월 십사일에도 수산에 있는 유
다인이 모여 또 삼백 명을 수산에
서 도륙하되 그들의 재산에는 손을
대지 아니하였고
16 왕의 각 지방에 있는 다른 유다인
들이 모여 스스로 생명을 보호하
여 대적들에게서 벗어나며 자기들
을 미워하는 자 칠만 오천 명을 도
륙하되 그들의 재산에는 손을 대지
아니하였더라
17 아달월 십삼일에 그 일을 행하였고
십사일에 쉬며 그 날에 잔치를 베
풀어 즐겼고
18 수산에 사는 유다인들은 십삼일과
십사일에 모였고 십오일에 쉬며 이
날에 잔치를 베풀어 즐긴지라
19 그러므로 시골의 유다인 곧 성이 없
는 고을고을에 사는 자들이 아달월
십사일을 명절로 삼아 잔치를 베풀
고 즐기며 서로 예물을 주더라
20 모르드개가 이 일을 기록하고 아하
수에로 왕의 각 지방에 있는 모든
유다인에게 원근을 막론하고 글을
보내어 이르기를
21 한 규례를 세워 해마다 아달월 십
사일과 십오일을 지키라
22 이 달 이 날에 유다인들이 대적에
게서 벗어나서 평안함을 얻어 슬픔
이 변하여 기쁨이 되고 애통이 변
하여 길한 날이 되었으니 이 두 날
을 지켜 잔치를 베풀고 즐기며 서로
예물을 주며 가난한 자를 구제하라
하매
23 유다인이 자기들이 이미 시작한 대

기록일 : . . .

24

25

26

27

28

29

30

31

32

10

2

3

MERCIFUL WRITING BIBLE

구약 5 : 역대상 - 에스더

성령님과 함께 쓰는

은혜로운 필사성경 5

초판 1쇄 인쇄 2020년 5월 06일
초판 1쇄 발행 2020년 5월 27일

편 집 인 김호성
발 행 처 서울말씀사
출판등록 제2016-000172호
주 소 서울시 영등포구 은행로 55, 나동 9층
전 화 02) 846-9222
팩 스 02) 846-9225